WERALLE
'우리 모두에게 가족은'

전신마비로 인해 처하게 된 삶과 죽음 사이 그 어딘가에서, 박위 형제는 기쁨과 삶을 선택했습니다. 그는 이제 기적이 필요한 사람들을 찾아가 그들을 일으켜 세웁니다. 그리고 유튜브를 통해 시간과 공간을 넘어 생명의 이야기를 전합니다. 그는 아주 특별한 선한 영향력을 유튜브 생태계에 끼치고 있습니다. 삶과 죽음 사이에 계신 분들이 이 책을 읽으며 박위 형제와 그의 가족, 친구들, 동역자들을 통해 역사하신 '놀라운 사랑의, 기적의 하나님'을 만나게 되기를 기도합니다. 여러분도 어떠한 상황에 있든 기쁨과 삶을 선택하기를, 그리고 언젠가 박위 형제처럼 생명을 전하게 되기를 소망합니다.

김경훈 구글코리아 사장

자신에게 일어난 이해할 수 없는 일들 앞에서, 박위 형제는 하나님을 향한 믿음과 주변 사람들의 사랑으로 자신의 삶을 향한 희망을 놓지 않았다. 그리고 지금은 자신을 지켜 주었던 믿음과 사랑을 다른 이들에게 전하며 값진 시간을 보내고 있다. 그는 유튜브 채널을 넘어 삶에서 많은 사람들을 만나며 자신만이 전할 수 있는 메시지를 전한다. 그의 삶을 담은 이 책이 지금도 삶에서 이해할 수 없는 일을 만나 힘든 많은 사람들에게 또 다른 희망이 될 것이라 믿는다.

김병삼 만나교회 담임목사

읽는 내내 이 책 한 권은 나에게 희로애락이 다 담긴 한 곡의 노래처럼 다가온다. 이 잘생긴 청년이 휠체어를 타게 되었을 때의 이야기와 그때 그와 그의 가족이 느꼈을 아픔을 읽을 때는 깊은 슬픔과 아픔이 찾아왔다가, 그 청년이 이 삶 속에서 희망을 선택하고 세상과 맞짱 뜨는 대목에선 환희와 기쁨이 찾아온다. 하지만 세상의 벽에서 또 화가 났다가 다시 이 청년의 세상과의 맞짱에 미소가 지어진다. 난 신경인성방광클리닉에서 휠체어를 탄, 어쩌면 누구보다 절망 속에 있을 환자들을 만나 그들과 함께 울고 웃으며, 이 책 한 권을 쥐어 줄 생각이다. "이 세상을 살아갈 누구에게도 사실 기적이 필요합니다. 그런데, 그 기적이 그리 멀지 않은 곳에 있더라고요." 하면서 말이다.

김아람 건국대학교병원 비뇨의학과·신경인성방광클리닉 교수 눈물 없이는 읽을 수 없는 영화 같은 스토리다. 한 청년에게 도대체 무슨 일이 일어난 것인지, 왜 이런 일이 일어난 것인지 단순한 의문을 품고 읽기 시작했다. 하지만 이 책은 그의 이야기로 끝나지 않는다. 이 세상을 살아가면서 잊고 살았던 따뜻한 순간들을 상기시키듯 독자들의 마음에 평생 남을 깨우침을 선물할 것이다. 우리 모두에게 기적을! 위아클!

김유진 미국 변호사, 「나의 하루는 4시 30분에 시작된다」 저자

저자 박위는 오로지 자신만이 쓸 수 있는 가장 고통스러운 인생 이야기를 믿어지지 않을 만큼 긍정적인 목소리로 우리에게 들려준다. 그래서 감동적이다. 폐허 같은 시간을 돌아보는 그의 시선은 담담하고 격렬하다. 전신마비 판정이라는 극복하기 힘든 불행 앞에서도 인생은 꿀이라고 외치는 박위가 전하는 희망은 유머까지 장착해 더없이 유쾌하고 진솔하다. 그의 진심은 숨어 울고 있던 마음들을 불러내 따뜻한 숨결로 빛으로 가만가만 어루만져 주는 기적을 보여 준다.

그는 육신의 자유를 잃어버린 대신 영혼의 세계를 무한정 넓혀가고 있음이 분명하다. 만약 당신이 깊고 어두운 터널 속에서 헤매고 있다면 이 책을 만나기를 권하고 싶다. 마지막 책장을 덮는 순간, 당신은 분명히 알게 될 것이기 때문이다. 당신이 그리고 당신의 삶이 기적이라는 것을.

김지우 드라마 작가

제 삶에도 기적이 있다는 생각을 하시 못했습니다. 그런데 이 책을 통해서 제 삶도 놀라운 기적으로 채워지고 있다는 사실을 알게 되었습니다. 이 책 속에 그가 놓은 의미 있는 섬돌을 함께 건너면서, 더 많은 분들이 삶에 대한 감사함을 느끼고 희망으로 나아가기를 소망해 봅니다.

박은주 국토교통부 대변인실 사무관

위의 이야기는 솔직했다. 너무 솔직해서 미안할 지경이었다. '정말 괜찮을까?' '늘 일어설 수 있을 거라고 생각하는 위의 말은 정말 진심일까?' 이렇게 의심했던 내가 부끄러워졌다. 중학교 1학년에 만나 아직까지 어리게만 보이던 위는 장애를 통해 성장하고 그 어느 때보다 우뚝 일어서고 있다. "저는 고난을 극복하지 않았어요. 고난 속에서 기쁨을

찾아 느끼는 중이죠." 정말 위다운 말이다! 그리고 그 말이 내 삶에 좋은 길잡이가 되어 준다. 그래, 고난 없는 삶이 어디 있으며 사연 없는 인생이 어디 있는가? 그 속에서 행복을 찾을 뿐! 힘들었던 오늘 하루도 일상의 감사를, 하루의 행복을 느끼게 해주는 위의 글로 마무리해야겠다.

박진희 배우

감히 그가 감당한 좌절의 무게를 그 누가 이해하고 느낄 수 있을까? 더군다나 어떻게 '기적'이라는 단어를 사용할 수 있을까? 하지만 그는 다른 시선으로 삶을 살기 시작했고, 오히려 어려움에 처한 더 다양한 사람들에게까지 그 시야를 넓혀가고 있다. 이제 그는 혼자가 아닌 우리 모두에게 기적이 일어나는 세상을 꿈꾸고 있다. 기적 그 자체가 된 저자가 말하는 이 꿈을 우리의 삶으로 초대한다면, 우리에게도 기적이 시작될 것이다. 우리 모두에게 기적이 있기를. Weracle!

박현우 이노레드 대표

절망에서 희망을, 고난에서 기쁨을, 원망에서 감사를, 불행에서 행복을, 포기에서 최선을 선택하는 박위 형제의 귀한 행보. 자신의 아픔을 달란트로 승화시켜 다른 이들을 위로하고 살리는 착하고 충성된 하나님의 종, 박위 형제. 이 이야기를 통해 우리노 넝직 휠체어에서 벗어나 그와 함께 하나님 앞에 온전히 서게 되기를 기도하는 마음으로 추천합니다.

신애라 배우

휠체어에 앉은 아주 밝은 청년, 위와의 만남은 어느덧 7년 전으로 거슬러 올라간다. "목사님, 이렇게 병원에 와보니 저처럼 다친 사람들이 너무 많이 있네요. 저는 그래도 혼자 앉을 수도 있고, 손가락이 이 정도 움직여서 문자도 할 수 있으니 감사할 뿐이지요." 내게는 너무 충격이었다. 전신마비 상태이지만 이렇게 긍정적인 자세로 매순간 행복해하며 꿈을 하나하나 이뤄가는 위의 모습은 늘 나에게 새로운 에너지를 준다. 힘든 시간을 지나가는 독자들에게도 이 책이 반드시 소망과 위로를 전하리라 믿는다.

여성민 온누리교회 부목사

지금 우리는 충격과 혼란의 시기를 보내고 있습니다. 그러나 하나님은 암울한 시절을 보내는 이스라엘 백성들에게 "너희는 이전 일을 기억하지 말며 옛날 일을 생각하지 말라 보라 내가 새 일을 행하리니 이제 나타낼 것이라"(사 43:18-19) 선언하셨습니다. 이 말씀의 귀한 증인이 이 책의 저자 박위 형제입니다. 그는 갑자기 찾아온 전신마비라는 말할 수 없는 불행을 딛고 희망을 품고 사는 사람이 되었습니다. 여전히 하반신은 마비 상태이지만 혼자서 밥도 먹고, 한강에서 산책도 하고, 혼자 운전을 하여 가고 싶은 곳은 얼마든지 다니고 있습니다. 박위 형제가 운영하는 유튜브 채널 〈위라클〉의 반응은 뜨겁습니다. 재활 환자들은 물론이고, 우울증을 겪는 사람, 생의 의지를 잃었던 사람까지 그를 보고 용기를 내기 시작했습니다.

저는 모든 사람에게 박위 형제의 책을 읽게 해주고 싶습니다. 전신마비였던 박위 형제가 혼자서 움직이려고 몸부림을 치는 모습을 보면서 이것이 우리가 해야 할 영적 몸부림이라 생각되고 주님과 친밀히 동행하기 위하여 힘쓰는 것은 얼마나 복된 일인가 눈물이 났습니다. 예수님 안에서 누구나 박위 형제와 같은 완전히 달라진 삶을 살 수 있습니다.

유기성 선한목자교회 담임목사

척추뼈가 부러지면 뇌와 팔다리를 연결하는 전화선과 같은 척수신경이 끊어지는데, 특히 목을 다쳐서 경수신경이 손상되면 팔다리를 못 쓰는 심한 사지마비가 됩니다. 박위 청년은 손가락 힘이 없어서 혼자 할 수 있는 일들이 거의 없었는데, 특히 스스로 소변을 보고 뒤처리하는 것이 어려웠습니다. 가느다란 관을 요도에 넣어 소변을 빼내는 간헐적 도뇨를 과연 성공할 수 있을지 같이 고민했었고, 수개월의 노력 끝에 드디어 성공하여 같이 기뻐했던 그날을 기억합니다. 이 책을 내가 만나는 모든 척수 환자들에게 권할 것입니다. 손상 초기에 느끼는 고통과 절망, 그리고 용감하게 이겨나가는 과정들이 아주 생생하게 기록되어 있기 때문입니다.

이범석 국제성모병원 재활의학과 교수, 전 국립재활원장

이 책은 쉽고 재미있게 읽을 수 있지만 가슴에 큰 울림을 준다. 때로는 가슴 아픈 이야기를 들려주지만 슬프기보다는 마음이 힐링된다. 조금만 읽어 보려고 책장을 펼쳤는데 단숨에 끝까지 다 읽게 되는 신기한 책이다. 마치 저자의 방송을 실제로 보고 있는 것처럼 친밀하고 실재감이 넘친다. 이 책을 통해 평범해 보이는 나의 하루가 누군가에게는 기적이라는 것을 깨닫게 되기를, 나아가 감사와 기쁨이 회복되기를 소망한다.

이수정 (주)이포넷, '체리' 기부플랫폼 대표

걷고, 보고, 듣고, 마시고, 생각하는 기적이 날마다 일어나자 사람들은 그 '기적'을 '일상'이라고 부르기 시작했다. 기적을 일상이라고 착각하는 사람들 사이에 지금 우리의 일상이 곧 기적임을 깨달은 한 청년이 있다. 위라클… 우리 모두에게 기적을….

이영표 강원 FC 대표이사, 전 국가대표 축구선수

저자는 절망과 슬픔, 무력함과 부끄러움, 실패와 좌절, 상실과 아픔이 흘러야 할 것 같은 소재를 가지고, 챕터마다 희망과 자유, 할 수 있다는 자신감과 함께함의 기쁨을 주제로 써 내려갔다. 그가 가진 매력과 힘이 고스란히 느껴지는 책이다. 장애와 고난을 극복한 것이 아니라 삶과 행복을 선택하고 날마다 기적이 된 박위 형제의 책이 우리 모두에게 기적을 선물해 주리라 믿는다. 회복을 넘어선 싱징을 보여 주며, 새로운 것을 만들어내는 그의 삶이 독자의 마음에 빛을 비추일 것을 기대한다.

이지선 한동대학교 교수, 「지선아 사랑해」 저자

「위라클_우리 모두에게 기적을」의 저자 박위 군은 온누리교회 중고등부를 거쳐 현재 청년부에서 신앙생활을 하는 형제입니다. 급작스럽게 찾아온 엄청난 고난 앞에서 굴하지 않고 믿음에서 비롯된 긍정적인 태도로 극복하고 있습니다. 특유의 밝고 맑은 영혼의 힘으로 재활을 위해 치열하게 노력하는 대목을 읽으면서 울컥한 감정을 억누를 수 없었습니다. 모든 것을 잃고 나서도 자신의 삶 자체가 기적이라고 고백하는 박위 군의 삶을 통해 낙심과 좌절 가운데 있는 많은 분들이 참된 용기와 소망을 얻을 수 있으리라 확신합니다.

이재훈 온누리교회 담임목사

'박위' 알죠? 내 주변 패피, 인싸 할 거 없이 다 박위 팬이다. 만일 그를 모르는 사람이 있다면 난 그를 어떻게 설명할까. 전신마비 판정을 받았었고 그런데도 장애가 느껴지지 않을 만큼 긍정적이고 선한 영향력이 있고…. 아니다. 이게 아니고 더 솔직하게 표현하자면 위는 그냥 너무 멋있다. 장애는 도울 뿐 그의 본캐가 더 빛난다. 사람을 아우르는 매너와 정서, 에너지, 빠른 일처리 모두 멋있다. 나는 정말 그를 흉내도 낼 수 없다. 그런데 이 책은 보기에 좋기만 했던 위의 적나라한 극복일기를 읽는 기분이다. 〈위라클〉 채널을 좋아한다면 읽으시겠지만 모른다고 해도 〈위라클〉 채널과 책을 함께 추천한다. 그리고 기대하는 모두에게 기적과 같은 확증이 일어나길 소망한다.

최강희 배우

죽음보다 더한 죽음을 이겨낸 청년은 놀라운 담대함으로 선택한다. 그 아름다운 영혼은 어둠 속에서 빛을, 고난 속에서 기쁨을, 죽음 대신 삶을 선택했다. 그를 사랑하시는 주님이 이끄실 때 영적인 결단으로 기적을 체험한다. 그 8년의 시간을 기록해 가며 그는 다시 한번 죽음을 뛰어넘는 체험을 불러낸다. 나누기 위해, 힘주기 위해. 희망과 사랑을 부어넣으며 그의 휠체어는 경쾌하게 그를 필요로 하는 모든 곳으로, 어느새 국경을 넘어 달려간다.

최윤 소설가, 서강대 명예교수

WERACLE

위라클
우리 모두에게 기적을

박 위 지음

프롤로그

흰색 티셔츠 위에 감색 재킷을 걸치고 머리는 왁스로 잔뜩
힘을 줬다. 나를 휘감고 있는 은은한 향수 냄새가 나를 더
분위기 있는 남자로 만들었다. 외국계 패션회사의
인턴사원에서 정직원으로 전환이 된 나의 발걸음은 당당했다.

화려한 조명이 어두운 클럽 안을 가득 메웠다.
사방에서 쿵쾅거리는 음악 소리가 내 마음을 들뜨게 했다.
나를 축하해 주러 온 친구들과 다 같이 기분 좋게 술잔을
부딪쳤다.

모든 것이 완벽한 토요일 밤이었다.
오로지 나를 위한 밤.

나는 내 인생이 마치 톱니바퀴가 맞물리듯 완전히 풀렸다고
생각했다. 나의 건강한 육체와 나의 삶을 사랑했다.
세상도 나를 사랑했다.

그날 밤 집을 나서기 전, 아버지는 내게 말씀하셨다.
"위야, 너 그냥 결혼하지 말고 오랫동안 나랑 같이 살자."
나는 아버지의 소원처럼 평생 같이 살 것 같은 모습으로
아버지를 다시 마주했다.

나는 의식이 전혀 없는 상태로 응급실에 누워 있었다.
내 머리에서는 피가 분수처럼 솟구쳐서 응급실 벽과 침대
그리고 바닥을 붉게 적셨다.
"당신은 앞으로 영원히 걸을 수 없을 겁니다.
손가락도 절대 움직이지 못할 거예요."

꿈이 아니었다. 몸이 움직이지 않았다.

더 이상 내려갈 곳이 없어서 편했다.
이제 올라가기만 하면 되니까.
나는 죽음 대신 삶을 선택했다.

차례

추천의 글
프롤로그

1 모든 것이 정지되다

21	2014년 5월 18일, 그날
24	릴레이 경주
28	전신마비 진단을 받다
31	삶과 죽음, 그 사이
38	경계 근무
47	장애, 우리 가족을 단단하게 묶어 준 끈
53	아버지의 외침
56	어머니의 눈물*

2 반드시 일어날 거야

61	꿈
64	1%의 우정
70	침대 목욕
76	내가 원하는 곳으로
79	예쁜 손
85	엄마는 감자탱이만 들어
90	슈퍼맨 리
94	Me before you*

3 의지와 좌절 사이에서

- 99 11km
- 107 실전 연습
- 112 기억이*
- 114 통증, 구원의 신호
- 120 스스로 좌약 넣기
- 124 저는 고난을 극복하지 않았어요*
- 126 젓가락으로 먹는 라면
- 129 할머니의 기도
- 133 휠체어 자에 싣기 연습
- 140 도착*

4 다른 시선으로 살아가다

- 145 겉과 속이 다른 사람
- 148 느리게 살기
- 152 '장애'가 긍정도 부정도 아닌 그날이 되기를…
- 155 다르게 생각할 필요 없어요
- 159 양보와 배려
- 162 당신은 사랑하기 위해 태어난 사람
- 168 공평*

5 위라클 더 비기닝

173 0.000001%의 가능성이라도
177 유튜브 채널을 만들겠어!
182 휠린 마카오(Wheelin Macao)
189 최고의 별명
191 진성이의 합류
195 위라클 빅뱅
200 기분 좋은 꿈*
202 나의 첫 멘토
206 뜻밖의 휴가
211 동생의 결혼식
220 번지오
225 우리 모두에게 기적이 일어나는 세상
230 사랑의 원리*

6 우리 모두에게 기적을

235 인생을 바꾼 한 번의 만남
242 저도 사람들을 찾아가는 사람이 되고 싶어요
250 다른 사람에게 희망이 되고 싶어요
256 아빠가 위에게*

에필로그
감사의 글

part 1

모든 것이 정지되다

2014년 5월 18일, 그날

눈을 떴을 때 흰 천장이 보였다. 자연스레 시선을 내려보니 사람들이 바쁘게 움직이고 있었고, 어딘가에서는 고함을 지르는 소리가 들렸다. 곧 병원에 누워 있다는 것을 알아차렸지만 익숙하지 않은 풍경이었다. 조금 정신이 들어 일어나려고 했으나 몸이 움직여지지 않았다. 아니, 몸이 느껴지지도 않았다. 내 몸은 그대로 존재했으나 쇄골뼈 밑으로 아무것도 느껴지지 않았다. 그나마 손가락에 감각이 살짝 있었지만 역시나 먹통이었다. 팔은 중력을 이길 수 없었고 그저 조금 움직일 수 있을 뿐이었다. 태어나서 한 번도 느껴 보지 못한 이상한 기분이었다.

어제의 상황을 기억해 보려고 아무리 애써 봐도 내가 어떻게 병원에 들어오게 됐는지 도무지 떠오르지 않았다. 머릿속 마지막 장면은 친구들과 클럽에서 술잔을 부딪치고 쭉 들이켰던 순간이었다. 그냥 문득 막연하게 '아, 내가 어딘가 다쳐서 수술을 했는데 마취가 아직 풀리지 않았구나'라고 생각했다.

벽에 걸린 시계를 보니 9시 30분이었다. 누워서 병실 안을 둘러봐도 창문이 없었다. 오전인지 저녁인지 알 수가 없었다. 지나가는 간호사가 오늘은 월요일 아침이라고 했다. 회사 출근 시간이었기 때문에 간호사에게 대신 회사로 전화를 해달라고 부탁했다. 간호사는 내 귀에 전화기를 대주었다. 목소리가 평소처럼 잘 나오지 않아서 나지막한 소리로 힘겹게 통화를 시작했다.

"저 박위인데요, 제가 지금 병원에 있어요."

"네 박위 씨, 감기 걸리셨어요?"

간호사는 전화기를 뺏으며 말했다.

"환자분, 안정을 취하셔야 합니다…."

그러고는 다시 기억을 잃었다.

다시 눈을 떴을 때는 얼마만큼의 시간이 지났는지 전혀 가늠할 수 없었다. 달라진 점이 있다면 이제는 입이 무언가로 막혀 있어서 말조차도 할 수 없게 되었다는 것이다. 목 보호대가 목을 고정하고 있어서 고개도 거의 돌릴 수 없었다. 등 쪽에서 통증이 둔탁하게 느껴지기 시작했고 탈수 현상이 생긴 것처럼 목이 너무 말랐다. 지나가는 간호사를 불러서 무엇이라도 물어보고 그저 붙잡아 보고도 싶었지만 내가 할 수 있는 것이라고는 중력조차 이기기 어려운 팔을 최대한 간호사의 눈에 띄게 흔드는 것뿐이었다.

정신을 잃은 줄도 몰랐는데 다시 눈을 뜨니 어머니가 내 손을 잡고 계셨다. 말로는 도저히 형용할 수 없는 너무나 애처로운 눈빛으로 나를 쳐다보고 계셨다. 어머니는 나와 눈이 마주치자 애써 너그러운 미소를 지으셨다. 그러나 슬픔에 가득 차 보이는 표정은 숨길 수가 없으셨다. 나는 어떻게든 어머니를 안심시키고 싶은 마음에 최대한 웃으며 눈으로 말했다.

'난 괜찮아. 엄마.'

어머니는 내 눈을 바라보며 확신에 찬 목소리로 답하셨다.

"위야, 넌 반드시 회복될 거야."

릴레이 경주

중환자실에서 나는 분명히 의식이 있었고 정신도 있었지만 마치 약에 취해 있는 사람처럼 몽롱하고 무기력했다. 마치 화면이 정지된 것처럼 신기할 정도로 내 몸은 움직일 수가 없었다. 내 손은 주먹이 쥐어진 채로 엄청나게 부어 있었고, 잘 느껴지지 않았지만 양쪽 겨드랑이 사이에는 아이스팩이 끼워져 있었다. 입에는 기도삽관을 하여 목구멍 안으로 관이 들어가 있어서 정신이 깨어 있을 때마다 느껴지는 이물감 때문에 굉장히 고통스러웠다. 숨을 내쉴 때마다 산소마스크 안에 김이 서려서 숨을 들이마실 때는 습한 공기가 코로 들어가는 느낌이 거슬리고 불쾌했다. 그리고 언제까지 이 호스를 달고 있어야 하는지 알 수 없었기에 막연한 공포마저 느껴졌다.

가슴과 손에는 온갖 장치들이 침대 옆 기계들과 여러 가지 선으로 복잡하게 이어져 있었다. TV나 영화에서나 보던 산소포화도 수치가 '삑. 삑. 삑…' 하는 일정한 기계음과 함께 지그재그로 침대 옆에 있는 장치의 화면에 표시되고 있었다.

눈을 뜨고 있을 때면 시간이 잘 가지 않아 고통스러웠다. 일부러 벽에 걸려 있는 시계를 보지 않으려고 노력했는데 그러다가 가끔 시계를 보면 시간이 평상시보다 적어도 10배는 느리게 가는 것만 같았다. 그래서 잠을 많이 자 보려고 노력했지만 눈을 감으면 오히려 정신만 점점 또렷해졌다.

정신이 깨어 있을 때 내가 간절히 기다렸던 시간은 아침 6시 30분과 저녁 6시 30분에 각 30분간 주어지는 두 번의 면회 시간이었다. 첫 면회에서 보았던 어머니의 애절한 눈빛이 내 가슴속에 휘몰아치고 있었다. 빨리 다시 어머니의 얼굴을 보고 어떻게 해서든 안심시켜 드리고 싶었다.

기다리던 오전 면회 시간이 되자 긴장한 기색이 역력한 동생 지우가 들어왔다. 지우는 감정을 숨기려는 듯 애써 미소 지으며 내게 물었다.

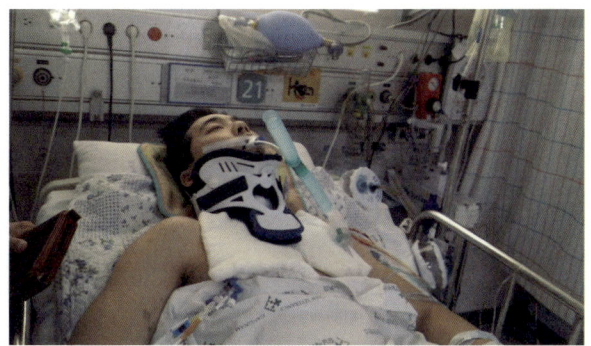

"형, 괜찮아? 형 보려고 밖에서 많은 사람들이 기다리고 있어. 다들 형이 불편해할까 봐 못 들어오고 있어."

나는 팔을 내 몸 쪽으로 당기듯이 최대한 크게 흔들며 표현했다.

'다들 들어오라고 해!'

지우는 내 손짓을 보고 고개를 끄덕이더니 뒤를 돌아 중환자실을 급하게 나갔다. 그러자 바로 친구가 뛰어 들어왔는데 1분이 채 되지 않는 시간을 함께하고는 뒤에 기다리는 사람이 많다면서 뛰쳐나갔다. 그리고 바로 다음 사람이 뛰어 들어왔다.

공기마저 지친 듯한 중환자실에서 30분 동안 뜻밖의 릴레이 경주가 시작되었다. 친구들, 친척들, 목사님까지 모두가 나와의 면회 시간을 아끼기 위해 달렸다. 잠깐의 시간 동안 나를 마주한 사람들의 표정을 보면서 지금 누워 있는 나에게 어쩌면 심각한 상황이 일어났을 수도 있겠다는 생각을 했다. 나를 보자마자 눈물을 왈칵 쏟는 친구와 눈을 마주쳤다.

'난 괜찮아. 울지 마.'

친구를 안심시키려고 고개를 끄덕이며 힘을 주어 눈으로 말했지만 친구의 눈에서는 그저 눈물이 하염없이 흐를 뿐이었다.

간절히 기다렸던 어머니가 마지막으로 들어오셨다. 어머니의 간절한 사랑의 힘이 영향을 주었던 것일까. 약속된 30분

면회 시간이 이미 지나갔지만 어머니에게 주의를 주는 직원은 한 명도 없었다.

　어머니는 나의 모든 것을 감싸 안을 수 있을 것만 같은 환한 미소를 지으며 나와 눈을 마주치셨다. 그 순간, 참아왔던 알 수 없는 감정들이 마음속 깊은 곳에서부터 일어나 뜨거운 눈물이 솟아올랐다. 아무리 힘을 줘도 움직여지지 않는 내 손으로는 어머니의 맑고 고운 손을 잡아 드릴 수가 없었다. 그런 내 마음을 아셨는지 어머니는 내 손을 꼬옥 잡아 주셨다.

전신마비 진단을 받다

　창문이 없어 따스한 햇빛의 흔적조차 없는 침침한 중환자실에서의 삶이 조금씩 익숙해져 가고 있었다. 그러나 여러 약품이 섞인 듯한 특유의 중환자실 냄새가 호흡기 틈새로 스며들어와 여전히 역하게 느껴졌다.

　정신이 조금 또렷해진 이후로는 깨어 있을 때마다 목이 너무 말랐다. 간호사한테 팔을 흔들어 목이 마르다는 것을 알리고 싶었으나 팔 하나만으로는 의사 전달이 어려웠다. 마치 스무고개를 하듯 간호사가 내게 하나씩 질문하면 나는 고개를 끄덕이거나 가로저어서 의사 표현을 했다.

　"어디 아파요? 더워요? 아이스팩 줄까요? 목 말라요?"

　그렇게 가까스로 내가 목이 마르다는 것을 알아차리면 간호사는 솜에 물을 적셔 호스로 벌어진 입 사이로 물게 해줬다. 그러면 나는 솜을 있는 힘을 다해 빨았다. 보통 한 번으로는 모자라 몇 번이고 다시 간호사에게 부탁했다.

침대 위에서 꼼짝할 수 없이 누워서 지낸 지 며칠이 지났으나 팔만 미세하게 움직일 수 있을 뿐 아직도 내 몸은 전혀 움직여지지 않았다. 마취주사를 맞아서 몸이 움직이지 않는 것이라고 생각했으나 이렇게 며칠이 지나도록 움직이지 못할 정도로 마취의 효력이 지속될 리 없다는 의구심이 들기 시작했다.

'대체 내게 무슨 일이 일어나고 있는 걸까? 그날, 나는 왜 다친 걸까?'

나는 친구들과 술을 마셨던 그날을 기억하고 싶었지만 도무지 아무것도 떠오르지 않았다.

잠시 후 회진을 돌던 의사가 내 앞으로 오더니 내게 팔을 움직여 보라고 하고 손도 움직여 보라고 했다. 그러고는 옆에 있는 레지던트에게 말했다.

"이 환자는 C6, C7 컴플리트야."

무슨 말을 하는지 전혀 알아들을 수 없었고 질문도 할 수 없어서 너무나 답답했다. 답은 딱 한 가지. 내 입에 물려져 있는 호스를 빼내면 모든 의문점을 해결할 수 있을 것이라 생각했다.

나는 의사한테 호스를 언제 뺄 수 있을지 물어보고 싶어서 팔을 들어 내 입을 가리키며 있는 힘껏 인상을 찌푸렸다. 내 간절한 마음이 전달되었는지 의사는 정확히 내 질문을 알아차리고 대답했다.

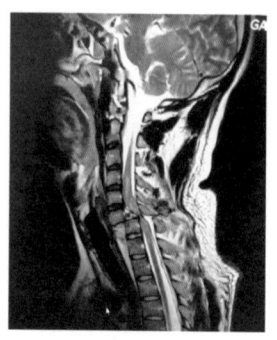

"박위 씨, 하루 이틀만 지켜보고 뺍시다. 힘들더라도 조금만 참으세요."

말을 할 수 없으니 너무 답답했지만 참을 수밖에 없었다.

다음 날 회진을 돌던 주치의가 내 앞에 섰다. 그리고 그에게는 너무나 자연스러운 일상인 듯 차분하고 담담하게 말했다.

"박위 씨, 당신은 경추골절로 인한 척수신경의 손상으로 전신마비가 되었습니다. 앞으로 걷지 못할 것이고 두 다리도 움직일 수 없을 것입니다. 손가락도 움직일 수 없을 거예요. 재활이 아주 잘 된다면 전동 휠체어에서 생활하실 수 있을 겁니다."

너무나 황당한 이야기처럼 들렸지만 나는 생각했다.

'전신마비? 앞으로 걷지 못한다고? 아니, 나는 일어날 수 있어. 하나님이 일으켜 주시면 일어날 수 있어. 나는 반드시 일어날 거야.'

삶과 죽음, 그 사이

   벽에 걸린 동그란 시계의 바늘은 고장이 난 것이 분명했다. 아무리 다른 생각을 하면서 시간을 보내 보려고 해도 분침은 앞으로 갈 생각이 없는 듯 고집스레 같은 자리에 머물러 있었다. 나는 살아있지도 죽지도 않은 그 경계선 어딘가에서 발버둥 치고 있었다. 하루가 어떻게 지나가고 있는지 나의 생활을 인식할 수 있는 정신과 기력이 없었다.

   그런데 아주 가끔 정신이 또렷해지는 순간들이 있었는데 그럴 때마다 지금 나의 상황을 누군가가 시원하게 설명해 주기를 바랐다. 중환자실에서 일주일 넘게 침대에 누워 한 발자국도 꼼짝하지 못했기 때문에 상식적으로 이해되지 않는 것들이 너무 많았다.

   '나는 밥도 먹지 않고 물도 먹지 않고 화장실도 가지 않고 있는데 어떻게 살아있을 수 있을까?'

   분주하게 돌아다니는 간호사를 향해 눈을 크게 뜨거나 깜

빡거리며 신호를 보내도 반응이 없었다. 간호사를 붙잡고 지금 내가 어떻게 된 상황인지 물어보고 싶었지만 기도삽관을 하고 있었기 때문에 말은 고사하고 숨 쉬는 것조차 불편했다.

이 시간을 견디기 위한 방법은 아무것도 없었다. 그저 깊은 잠에 빠지게 해달라고 수없이 되뇌며 기도할 뿐이었다. 그러다가 잠이 든다 하더라도 간호사들은 내 맥박과 혈압 수치 등을 확인하기 위해 나를 깨우기 일쑤였고 이런 고통의 시간은 24시간 동안 지속됐다.

눈을 뜨면 목이 너무 말랐다. 갈증을 참을 수 없었다. 물을 오랫동안 마시지 못했다는 생각에 더욱 목이 타는 것 같았다. 물을 마시고 싶다는 뜻을 간호사한테 전달하고 싶었으나 입이 막히고 손가락마저 움직이지 않는 상황에서 아무리 발버둥을 쳐봐도 소통이 전혀 되지 않았다. 간호사도 나의 답답함이 느껴졌는지 나를 이해하려고 노력했지만 결국 '물이 마시고 싶다'는 말은 며칠 동안이나 전달되지 못했다.

예전에 〈1리터의 눈물〉이라는 일본 드라마를 봤던 기억이 떠올랐다. 드라마 속 여자 주인공인 중학생 키토 아야는 명문 고등학교 입학시험을 보러 가던 중에 갑자기 넘어진다. 곧 일어나 보려고 했으나 다시 중심을 잃고 넘어진다. 그녀는 밥을 먹을 때 음식을 집기 위해 온갖 노력을 했으나 손가락은 오히려 덜덜 떨리기 시작했다. 겨우 힘겹게 음식을 집었지만 시야가 흐려지면서 젓가락으로 집고 있던 음식을 계속 놓쳤다. 증상이 지속되어 병원에서 검사를 해보았더니 척수소뇌변성증이라는 소뇌, 뇌간, 척수가 점차 위축되는 희귀병을 앓고 있다는 것을 알게 된다.

그 이후 병이 진행됨에 따라 그녀는 걷지 못하게 되었고 글씨조차 혼자 쓸 수 없게 되었다. 심지어 말도 할 수 없게 되었다. 그런데 이 병은 소뇌, 다리, 척추가 위축되더라도 대뇌는 정상적으로 기능하기 때문에 의식에는 전혀 문제가 없었다. 아야는 자신의 몸이 점점 부자연스럽게 되어가는 것을 확실히 의식할 수 있었던 것이다. 아야는 죽을 때까지 몸의 기능이 상실되어 가는 과정을 오롯이 바라보면서 모든 고통을 겪으며 살아간다.

중환자실에 누워 있는 나는 그제야 아야의 고통을 고스란히 느낄 수 있었다. 정신은 분명 또렷한데 내가 원하는 대로 몸을 움직일 수 없는 답답함, 말을 할 수 없어 그 누구에게도 내 의사를 전달할 수 없는 괴로움, 다시 되돌아갈 수 없다는 슬픈 현실…. 내 입에 끼워진 호스를 빼더라도 목소리가 정상적으로 나올 수 있을지조차 확신할 수 없다는 두려움도 엄습했다.

중환자실 면회 시간에 지우가 말을 할 수 없는 나와 대화를 할 수 있는 방법을 고안해 왔다. 큰 스케치북에 한글 모음과 자음을 왼쪽과 오른쪽에 써서 내게 내민 것이다. 마치 아야가 끝내 말까지 하지 못하게 되었을 때 병실에서 사람들과 유일하게 소통했던 방법처럼…. 아야는 스케치북에 그려진 자음과 모음을 손으로 가리키며 단어를 완성시켜서 말을 대신했다.

아마 지우도 스케치북을 만들면서 이 드라마를 떠올렸을 것이다. 스케치북을 내미는 지우와 눈이 마주쳤다. 만약 내가 말을 할 수 있었다면 이 상황에서 서로에게 어떤 말을 했을지 충분히 짐작이 갔다. 나는 지우가 내민 스케치북으로 팔을 뻗었다. 그리고 주먹이 쥐어진 채로 천천히 하나하나 가리켰. 'ㅁ', 'ㅜ', 'ㄹ'.

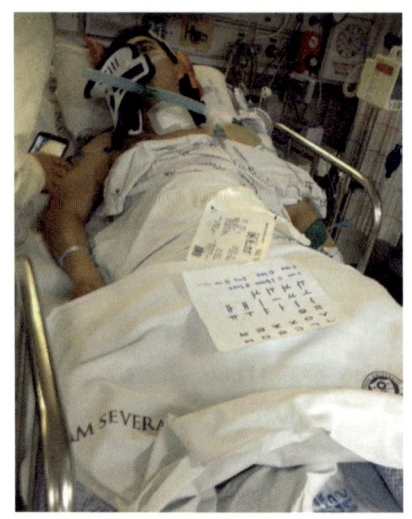

"형, 목말라? 물 먹고 싶었구나?"

나는 있는 힘껏 눈을 깜빡였다. 지금껏 묵혀 왔던 답답함이 뻥 뚫리는 것 같았다. 지우는 바로 간호사한테 달려가서 내가 물을 마시고 싶어 한다는 것을 전달했다. 그러나 간호사는 지금 기도삽관을 하고 있는 상황이라 물을 마실 수 없다고 했다. 다만 솜에 물을 묻혀서 내 혀를 적셔 주는 정도는 괜찮다고 했다.

지우는 물에 듬뿍 젖어 있는 솜을 내 입에 넣었다.

'지우야, 너무 시원해.'

눈물 나게 고마웠다. 물이 적셔진 500원짜리만 한 작은 솜을 혀로 빨았을 때는 희열마저 느껴졌다. 그러나 그 기쁨도 잠시, 30분간의 짧은 면회 시간이 끝나면 나만의 고요한 공간으로 돌아오게 되었다. 정신은 또렷하지만 아무것도 할 수 없는 그 고요함 속에 다시 또 놓였다.

하루에도 몇 번씩 지금 이 상황은 현실이 아닐 수도 있다는 생각을 했지만 시계 속 시간은 분명히 흐르고 있었다. 그나마 잠깐 정신이 반짝 들었을 때 생각해 두었던 질문들은 곧 내 머릿속에서 누군가에 의해 지워지고 있었다. 무엇이 정상적인 것인지 분별할 수 있는 판단능력이 서서히 사라져 갔다. 그럼에도 불구하고 정신의 끈이 끊어지지 않을 수 있었던 것은 무의식 속에서도 나의 영혼이 나의 삶을 붙들고 있었기 때문이 아니었을까.

　내 영혼은 아무것도 보이지 않는 어둠 속에서 삶을 선택했다. 정신이 온전해지는 시간은 점점 늘어났다. 그러나 중환자실에서 깨어 있는 시간이 많아지다 보니 오히려 더 괴로웠다. 그래도 조금씩 조금씩 이 상황들이 이해가 되기 시작했다. 그리고 '밥도 먹지 않고 물도 먹지 않고 화장실을 가지도 않고 있는데 어떻게 살아있을 수 있을까?'에 대한 답을 스스로 할 수 있게 되었다.

　알고 보니 나는 밥을 먹는 대신에 영양제 주사를 맞고 있었다. 기저귀를 찬 채로 침대 위에서 대변을 보고 있었고 그 뒤처리를 여러 명의 간호사들이 내게 붙어서 해주고 있었던 것이다. 아무런 감각이 없었지만 요도에 소변줄을 차고 있어서 소변을 소변백에 배출하고 있었다.

　의식은 있지만 누군가에 의해 사육되는 것 같은 이 중환자실에서 한시라도 빨리 벗어나고 싶었다.

　아야는 투병 중에 손이 움직여지지 않을 때까지 일기를 썼다. 아마도 일기장에 자신의 생각을 기록함으로써 사랑하는 사람들과 영원히 소통하고 싶었던 것은 아니었을까. 나의 정신이 깨어 있고 나를 표현할 수 있다는 것은 기적이다. 죽음을 향해 걷고 있었던 아야는 마지막까지 자신의 발자취를 남기려 했다.

　물이 적셔져 있는 솜은 중환자실에 누워 있었던 나에게

마치 오아시스와 같았다. 전신마비가 되었다고 할지라도 기쁨을 느낄 수 있는 마음마저 마비되지는 않는다.

    삶과 죽음 사이 그 어딘가에서 나는 오늘도 기쁨을 선택하고 삶을 선택한다.

경계 근무

 강남세브란스 중환자실에서 12일 만에 일반병실로 나오게 되었다. 이틀 후, 침대에 누워 있는 내게 주황색 옷을 입은 소방대원들이 왔다. 그들은 나를 능숙하게 구급차용 침대로 옮겼고 나는 침대에 누워 있는 채로 구급차에 실렸다. 우리 가족은 나를 신촌 세브란스 병원으로 옮기기로 결정했다.
 구급차 안에 있는 환자의 모습은 드라마나 영화에서나 봤기 때문에 내가 구급차에 타고 있는 것이 실감이 잘 나지 않았다. 구급차에는 손신국 목사님과 아버지가 함께 탔다. 손신국 목사님은 혈액암으로 생존 가능성이 거의 없으셨지만 기적적으로 다시 살게 되신 분이다. 목사님은 내가 중환자실에 있을 때부터 매일 오셔서 나를 위해 기도해 주셨다. 당신의 기적이 나에게도 반드시 일어날 것이라는 믿음을 가지고 계셨다.
 구급차는 특유의 사이렌 소리를 한 번 울린 뒤 출발했다.

누워 있었지만 달리고 있는 도로의 울퉁불퉁한 노면이 몸에 그대로 전달되었고 구급차의 빠른 속도도 충분히 느껴졌다. 아버지는 구급차가 덜컹거릴 때마다 내 목을 둘러싸고 있는 보호대를 확인하셨다. 내가 힘들어하지 않을까 불안해하시는 모습이었다. 구급차는 아버지를 헤아릴 마음도 없이 그저 목적지를 향해 거침없이 달릴 뿐이었다.

구급차의 내부에는 온갖 의료 장비들이 실려 있었고 창문이 없어 답답했다. 운전석과 연결된 창문 사이로 새어 나오는 빛을 조금 느낄 수 있을 뿐 바깥 풍경은 전혀 볼 수 없었다. 마치 이동하는 작은 중환자실 같았다.

육군 훈련소에서 6주간의 훈련을 마친 뒤 큰 가방을 메고 내가 배치된 부대로 향하는 기차를 탔던 기억이 떠올랐다. 내리는 역의 이름도 모른 채 앞으로 달리던 기차에 앉아서 불안하지만 곧 생활하게 될 새로운 곳에 대한 기대감도 함께 느꼈던 그 내가….

손신국 목사님은 구급차 안에 있는 내내 내 손을 꼭 잡고 기도하셨다. 목사님의 크고 따스한 두 손이 나의 불안을 잠시나마 녹여 주어 나는 이내 잠이 들었다.

대략 1시간쯤을 달렸을까. 구급차가 멈추고 문이 열렸다. 구급차에서 내렸으나 여전히 이동침대에 누워 있었기 때문에 내가 병원의 어느 구역으로 가고 있는지조차 알 수 없었

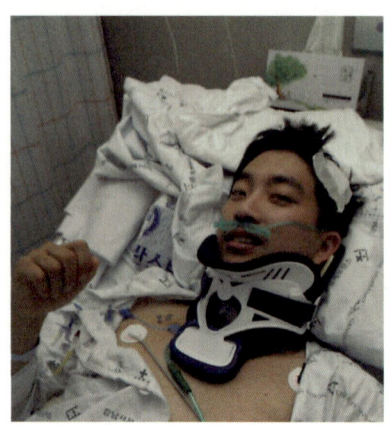

다. 드디어 침대의 움직임이 멈췄다. 도착한 곳에는 환한 햇빛을 고스란히 느낄 수 있는 큰 창이 있었고 그 창 너머로는 한동안 보지 못했던 맑은 하늘도 보였다. 6월의 하늘은 푸르고 청량했다.

그러나 마음의 안정을 느낄 새도 없이 갑자기 기침을 심하게 하기 시작했다. 목에 뭔가가 막혀 있는 느낌과 함께 숨을 쉬는 것이 곤란해진 것이다. 목 안에 이물감이 느껴져 간지럽고 답답했지만 아무리 힘껏 배에 힘을 주어 기침을 하려고 해도 예전처럼 센 기침이 나오지 않았다. 숨을 내뱉지 못하니까 자꾸만 목 안으로 숨이 넘어가고 그때부터 호흡이 곤란해지기 시작했다. 숨을 쉴 수 없는 고통을 느끼니 숨이 멎을 것만 같은 공포심마저 들었다.

"꺼어억."

상태가 많이 안 좋은 위급한 천식환자의 숨소리가 내게서 들렸다. 어머니는 그런 내 모습을 보시고 너무 놀란 나머지 바로 간호사실로 뛰어가셨다. 어머니와 함께 간호사가 황급히 병실로 뛰어왔다. 간호사는 다급히 기다란 호스 같은 것을 내 목구멍 깊숙이 넣더니 가래를 뽑아내기 시작했다.

"꺼어어억."

방금 전에 뱉었던 숨소리보다 더 거친 숨소리를 내뱉었다. 기다란 호스가 입안으로 깊숙이 들어가자 숨 쉬기가 더 곤란해졌고 뭔가 잘못되어 가는 것 같은 느낌을 받았다. 목구멍 안에 들어간 그 가늘고 긴 호스는 헛구역질을 지속적으로 유발했다. 토할 것 같았고 눈에서는 눈물이 찔끔찔끔 나왔다. 도저히 참을 수 없겠다 싶어서 빨리 그 호스를 빼내고 싶었지만 내 두 팔은 전혀 움직여지지 않았다. 1초가 1분같이 느껴졌다.

'나 이러다가 숨이 넘어가서 죽는 거 아니야?'

숨을 쉬지 못할 수도 있겠다는 두려움에 얼굴을 흔들고 말았다.

"환자분, 얼굴 흔드시면 안 돼요. 가래를 빼고 있으니 조금만 더 참아 주세요."

눈이 거꾸로 뒤집힐 듯 정신을 잃을 수도 있었던 그 순간, 다행히 극적으로 가래를 뽑아내었다. 그리고 그제야 시원하게 정상적으로 숨을 쉴 수 있게 되었다. 옆에 있던 어머니와

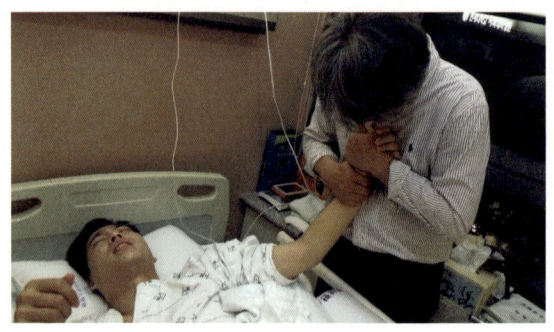

아버지는 걱정이 가득 담긴 초조한 표정으로 나를 바라보셨다. 정말 죽을 것만 같은 공포를 느꼈지만 부모님을 안심시켜야 했다.

"엄마, 아빠. 괜찮아. 걱정 마."

그렇게 호된 병실 신고식이 끝나고 그날 밤 동네 친구들 열 명 정도가 병실을 찾아왔다. 친구들은 아무렇지 않은 척 평소처럼 웃으며 나를 대하려고 노력했지만 어색함이 느껴졌다. 내게 티를 안 내려고 했겠지만 친구들의 표정과 눈빛만 봐도 알 수 있었다. 나의 심각한 상태를 마냥 웃으며 마주하기 어려워하는 게 보였다. 하지만 나는 더 아무렇지 않게 모른 척 웃으며 자연스럽게 행동했다.

"어머니, 아버지. 오늘은 저희가 위랑 같이 있을 테니 걱정 마시고 집에 가서 좀 쉬세요."

정준이가 친구들을 대신해서 부모님께 말했다.

2주간 병실을 지키느라 녹초가 된 부모님이 밤에라도 편히 쉬셨으면 좋겠다는 내 간절한 마음을 간파한 것일까. 친구들한테 정말 고마웠다.

우리는 내가 중환자실에 있었을 때 중환자실 밖에서 일어났던 이야기들을 하며 시간을 보냈다. 내가 사고를 당했던 때부터 친구들이 생각했던 감정들을 나눴다. 다들 입을 모아 말했다.

"위야, 네가 중환자실에서 입에 호스를 끼고 있었을 때 우린 네가 뇌도 다친 줄 알았어. 너와 대화를 할 수 없으니 네가 우리 말을 알아듣는지 전혀 확신할 수 없었지. 그리고 네가 머리 쪽으로 바닥에 부딪혔기 때문에 충분히 뇌에 손상이 있을 수 있다고 생각했어. 그런데 나중에 호스를 빼고 네가 우리한테 정상적으로 말을 하는 것을 보고 얼마나 안심했는지 몰라. 역시 넌 예나 지금이나 입은 살아있네."

친구들은 내가 중환자실에 있을 때 내가 죽는 줄 알고 질질 짜면서 울었다고 내게 고자질하며 서로를 놀렸다.

그렇게 새벽까지 시간이 가는 줄 모르고 웃으며 대화를 하던 중 갑자기 숨이 잘 안 쉬어지기 시작했다. 아마도 목 안에 가래가 껴서 그런 것 같았다. 가래가 배출이 잘 안 되면 숨소리가 거칠어지면서 바로 산소포화도 수치가 급격히 떨어졌다.

산소포화도 수치가 떨어지면 입에 소형 가습기 같은 형태의 기다란 파이프를 물었다. 입안으로 연기가 들어가면 가래가 녹아서 입 밖으로 자연스럽게 배출되는 원리였다. 가래의 진득한 점성을 완화하기 위해서 하루에도 몇 번이고 반복해야 하는 것이었다. 파이프를 물면 가래가 녹아서 산소포화도 수치가 높아지고 다시 숨을 편하게 쉴 수 있게 되었지만 지금은 소용이 없었다. 낮에 느꼈던 숨이 잘 쉬어지지 않는 공포가 엄습했다.

"꺼어억. 꺼어어억."

갑자기 숨을 잘 쉬지 못하는 나의 모습을 보고 친구 한 명이 황급히 병실을 나갔다. 간호사와 함께 담당 당직 레지던트가 병실에 급한 발걸음으로 들어왔다.

"환자분, 지금 이런 상태로 일반병실에 있으면 위급한 상황이 생길 수 있으니 아무래도 다시 중환자실에 들어가서 기도삽관을 해야 할 것 같습니다."

레지던트는 단호하게 말했지만 나는 애원하듯 답했다.

"선생님, 중환자실은 절대 다시 들어가고 싶지 않습니다. 제가 가래 잘 뱉으면서 유지를 잘해 볼게요. 도저히 못 참을 것 같을 때, 그때 들어가도 되지 않을까요?"

숨을 쉬는 게 조금 불편할지언정 중환자실에 다시 들어가고 싶지는 않았다.

"대신 한 번만 더 이런 상황이 생기면 그때는 저도 별수 없어요."

레지던트가 나가고 다행히 산소포화도 수치가 올라갔다. 친구들은 박위가 의사 선생님도 설득했다며 역시 입은 최고라고 키득거렸다.

우리는 어느덧 하나가 되어 산소포화도 수치에 일희일비하게 되었다. 산소포화도가 90%가 넘으면 좋아하고 그 밑으로 떨어지면 불안해했다. 그렇게 열 명의 친구들과 나는 신촌 세브란스에서의 첫 아침을 맞이했다.

다음 날 저녁, 여러 명의 친구들이 또 다시 병실을 찾았다. 친구들은 밤새도록 나와 함께 병실에 있겠다고 했다. 동네 친구들과 교회 친구들이 함께 단체 대화방을 만들어서 2인 1조씩 당번을 정했다고 했다. 그날 이후로 친구들은 무려 한 달이나 매일 밤 나의 병실을 지켜 줬다.

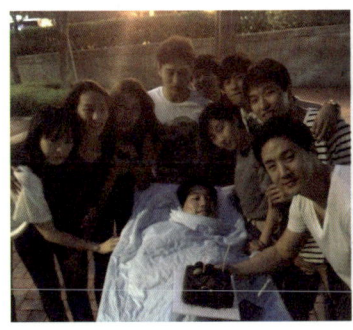
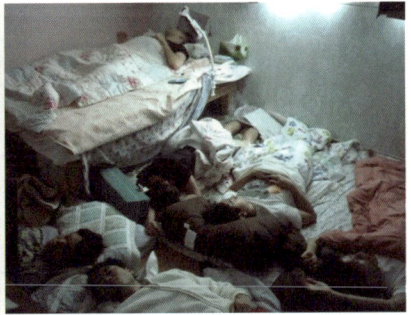

사실 신촌 세브란스에 입원한 뒤로는 밤마다 수면제를 먹어도 잠이 잘 오지 않았다. 잠이 정말 많은 편임에도 불구하고 아무리 피곤해도 어떤 이유에서인지 잠들지 못했다. 하지만 다행히도 나는 혼자 외롭게 지샐 수밖에 없던 고요한 새벽을 친구들과 계속 함께할 수 있었다.

친구들의 헌신으로 이루어진 한 달간의 경계 근무는 내게 극한의 상황도 이겨낼 수 있는 버팀목이 되어 주었다. 친구들의 사랑은 나를 또 숨 쉬게 했다.

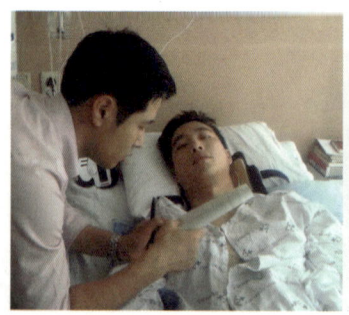 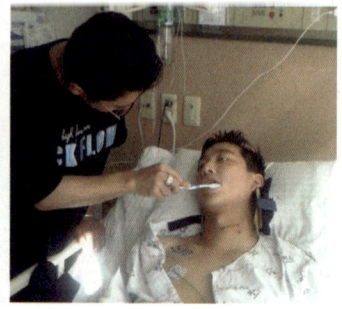

장애, 우리 가족을 단단하게 묶어 준 끈

본격적으로 병원에서 생활하기 위해서는 누군가가 24시간 내 옆에 반드시 있어야 했다. 그래서 가족들은 처음에 나를 위해 전문 간병인을 고용하려고 했다. 가족들은 내가 조금이라도 더 나은 환경에서 치료를 받기 원했다.

가족들은 소개받은 좋은 간병인이 있다면서 그분을 병실로 모시고 왔다. 어머니보다도 연세가 꽤 많아 보이는 인자한 인상의 여성분이었다.

"제가 환자 경험이 많아서 앞으로 잘 도와줄 테니 마음 편히 먹어요."

그런데 나는 생전 처음 본 사람한테 28살 성인이 된 나의 모든 치부를 보여 주고 싶지 않았다. 지우가 나를 간병해 줬으면 하는 간절한 마음이 있었지만 지우는 당시 대학교 4학년이어서 졸업을 앞두고 있었기 때문에 도저히 부탁할 수 없었다. 지금의 내 존재가 가족들한테 부담감을 안기는 것 같아

너무 미안하고 죄스러웠다.

그런데 지우가 어머니한테 이렇게 말했다고 한다.

"형을 간병인에게 맡기고 싶지 않아. 엄마, 제발 내가 형을 직접 간병할 수 있게 해줘."

지우는 4학년 2학기를 휴학했다.

정말 감사하게도 병실에는 사람들의 발길이 멈추지 않았다. 평일, 주말 상관없이 항상 사람들이 병실을 지켜 줬다. 사람들이 없을 때면 침대 거치대에 매달아 놓은 핸드폰을 했다. 다치고 얼마 되지 않았을 때는 팔의 힘이 중력을 이기지 못했기에 누워서 거치대에 달려 있는 핸드폰까지 손이 닿지 않았다. 간병을 계속하고 있던 지우가 조금 고민을 하더니 어디에선가 빨대를 가져왔다. 지우는 빨대의 끝부분에 휴지를 돌돌 말아서 물을 조금 묻혔다. 그러고는 내 입에 빨대를 물렸다.

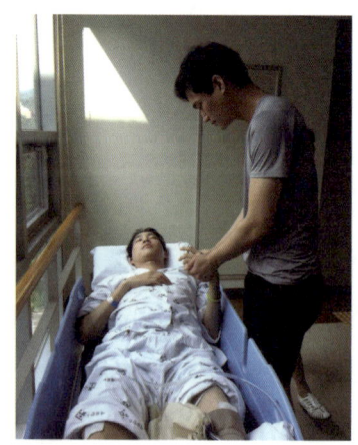

"형, 이 빨대로 핸드폰 화면을 터치해 봐."

나는 누워 있는 상태에서 입에 빨대를 물고 입술을 세밀하게 움직였다. 물이 묻어 있는 휴지 부분이 핸드폰 화면에 닿자 마치 손가락으로 누르는 것처럼 입으로 화면을 조종할 수 있게 되었다.

"야, 나 지금 이렇게 하니까 천재 과학자 느낌 나지 않아?"

영국 출신의 천재 물리학자 스티븐 호킹이 떠올랐다. 그는 루게릭병으로 전신을 쓸 수 없게 되었지만 인생의 대부분을 손가락 두 개로 살며 많은 업적을 남겼다.

"형은 일어나야지 무슨 소리야."

지우는 나의 농담 따위는 받아 줄 생각이 없었다.

시간이 흐르자 팔의 힘이 중력을 이길 수 있게 되었다. 팔을 위쪽으로 뻗을 수는 있었으나 여전히 손은 거의 움직이지 않았고 악력이 너무 약해서 작은 물건조차 잡을 수 없었다. 특히, 매번 이를 닦을 때마다 너무 답답했다. 다른 사람의 칫솔질로는 입안의 상쾌함이 잘 느껴지지 않았다. 세수는 스스로 못하더라도 이만큼은 직접 닦고 싶었다.

지우는 그런 나의 마음을 간파한 듯 칫솔을 쥘 수 있는 방법을 또 생각해 냈다. 내 손바닥에 칫솔을 올려놓고 치료용 테이프로 칭칭 감았다. 손으로 칫솔을 쥐지 않아도 이미 칫솔은 내 손과 하나가 되어 있었다. 나는 침대에 누워 있었지만 베개를 베고 있어서 고개를 살짝 든 상태를 유지할 수 있었다.

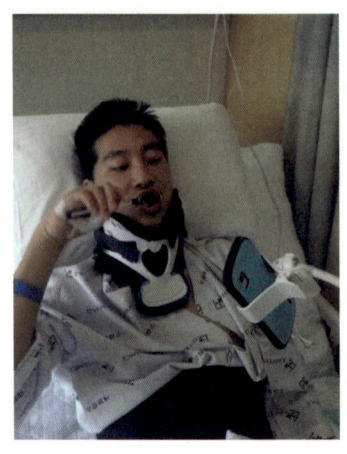

"형, 누워서 한번 닦아 봐. 치약 짜 줄게."

지우는 손바닥에 묶여 있는 칫솔 위에 치약을 듬뿍 짰다. 나는 손바닥을 편 채로 힘껏 팔을 흔들었다. 비록 침대에서 이를 닦았지만, 내가 닦고 싶은 부위를 내 손으로 힘을 조절해 가며 직접 칫솔질을 할 수 있다는 것이 얼마나 기뻤는지….

"형 어때? 살 닦여?"

지우는 내 모습이 마치 어린아이가 스스로 처음 이를 닦는 것처럼 느껴졌는지 흐뭇한 미소로 나를 바라보았다. 지우의 번뜩이는 창의력으로 병원 생활 중에 내가 스스로 할 수 있는 동작들이 하나씩 늘어났다. 나는 지우를 점점 더 의지하게 되었다.

영국에 살 때, 또래 영국 아이들에 비해서도 월등히 키가 크고 덩치도 컸던 지우는 나와는 달리 영국 아이들과 잘 어울리지 못했다. 너무 어려서 영어를 배우는 것도 문제였겠지만 영국 아이들처럼 축구를 그다지 좋아하지 않았던 것 또한 이유였을 것이다.

점심시간에는 넓은 식당에서 모든 학년이 함께 밥을 먹었었는데, 지우가 옆에 친구도 없이 혼자 도시락을 먹고 있었다. 너무 마음이 아프고 속상했지만 내가 해줄 수 있는 것이 아무것도 없었다.

그날 저녁, 지우에게 축구 유니폼을 입히고 푸른 잔디밭이 펼쳐진 집 앞 공원에 데리고 나갔다.

"지우야, 패스를 할 때는 발끝을 세우고 복숭아 뼈 밑에 튀어나와 있는 뼈에 공을 맞추는 거야."

지우는 공을 정확하게 맞추지 못했고 공은 계속 엇나갔다.

"지우야, 발끝에 힘을 줘 봐. 이렇게."

지우가 나를 쳐다보며 내 말에 집중하던 모습이 또렷하다. 그러나 지금 나를 바라보는 지우는 이제 더 이상 내가 보살펴야 하는 어린아이가 아니었다. 그는 이 병실에서 나의 형이자 보호자였다.

나를 위해 중요한 4학년 2학기를 휴학한 지우는 6개월 내내 24시간 내 곁을 지켰다. 쉽게 결정할 수 있는 일이 아니라고 생각했지만 지우가 먼저 흔쾌히 그런 결정을 내려 줘서 정말 고마웠다. 나중에 시간이 많이 지난 후에 지우에게 이런 질문을 한 적이 있다.

"지우야, 너에게 장애란 뭐야?"

지우는 주저하지 않고 대답했다.

"장애는 우리 가족을 단단하게 묶어 준 하나의 끈이지."

우리 가족에게 나의 장애는 분명히 이겨내기 어려운 고통이었을지 모른다. 그러나 이 고난을 극복하기 위해 우리 가족은 모두 똘똘 뭉쳐서 하나가 되었다.

나는 '고난'이라는 이름의 기차를 타고 끝이 보이지 않는 어두운 긴 터널을 지나고 있었다. 그런데 가족의 사랑이 그 기차에 추진력을 주어 빛이 가득한 아름다운 곳으로 나를 인도했다. 그 사랑은 불행할 수밖에 없었던 나의 기나긴 고통의 시간을 따뜻하게 감싸 주었다.

아버지의 외침

2014년 5월 18일 일요일 6시 30분.

초인종이 울렸다. 어머니가 현관에 나가 보니 경찰 두 명이 심각한 표정으로 서 있었다.

"박위 님 댁이죠? 지금 아드님이 너무 많이 다쳐서 혼수상태로 응급실에 있습니다. 빨리 가 보셔야겠어요."

그 말을 들은 어머니는 속이 철렁 내려앉았다. 깊은 어둠이 어머니를 삼켰다. 너무 두렵고 떨리고 무서웠지만 그 말을 도저히 믿을 수 없었다.

아침 7시 40분.

부모님은 병원에 도착하자마자 응급실로 향했다. 내 머리에서 흘러내린 피로 침대 전체가 붉게 물들어져 있었다. 벽에는 흩뿌려지고 바닥에도 피가 고여 있을 정도로 흥건했다. 나는 의식이 전혀 없는 상태로 누워 있었다. 그런 나의 머리를 레지던트 두 명이 마취도 하지 않고 꿰매고 있었다. 아버지는 그런 내 모습을 보고 그 자리에서 땅바닥에 주저앉으셨다.

응급실 당직 의사가 말했다.

"아드님 목이 꺾여서 완전히 부러졌습니다. 그리고 피를 너무 많이 흘려서 의식이 전혀 없는 상태입니다. 의식이 돌아와야 수술을 할 수 있는 상황입니다. 수술을 하더라도 전신이 마비될 것입니다."

어머니는 우리 위는 그럴 일이 없다며 현실을 부정하고 계셨다. 반면에 아버지는 내가 죽을 수도 있다고 생각하셨다. 나는 생과 사의 갈림길 그 언저리에서 헤매고 있었다. 11시간 동안 의식이 돌아오지 않았다. 응급실에 누워 있는 내내 수혈을 받았다. 피를 너무 많이 흘려서 숨이 지금 멎는다 해도 이상할 것이 없었다. 수술을 하기 위해서는 의식이 깨어나야 했다. 의식이 없는 상태에서 마취를 하면 의식이 다시 돌아오지 않을 수 있어서 수술 골든타임을 놓치지 않기 위해 할 수 있는 것은 기도뿐이었다.

내 이름을 아무리 부르고 내 몸을 흔들어 봐도 나는 미동조차 없었다. 응급실에 온 많은 사람들과 손신국 목사님은 나를 위해 오랜 시간 기도했지만 달라지는 것은 없었다.

"수술 골든타임이 이제 1시간도 채 남지 않았습니다. 정말 위험합니다. 의식이 깨어나지 않으면 생명을 잃을 수도 있고 시간을 놓치면 수술을 한다 하더라도 예후는 절망적입니다."

의사의 말을 들은 아버지는 갑자기 나를 향해 소리치기 시작했다.

"위야, 지금 일어나야 돼!"
"지금 일어나야 네가 살아!"
"눈 떠, 인마."
"눈 떠, 위야… 일어나! 제발!"

아버지는 절규하듯 소리치셨다. 그러자 거짓말처럼 내가 눈을 번쩍 떴다고 한다. 응급실에 같이 있던 사람들이 이 광경을 보고 모두 놀랐다. 그래서 가까스로 MRI 촬영을 하고 수술실에 들어갈 수 있었다.

나와 아버지는 영혼으로 연결되어 있었다. 생사의 갈림길에서, 아버지의 간절한 사랑은 어둠을 헤매고 있던 나의 영혼을 붙들었다.

1. 모든 것이 정지되다

어머니의 눈물

"위야, 네가 다치고 기도를 하루에 5시간을 해도 모자랐어.
어떻게 사람한테 이렇게 눈물이 많을 수 있을까 생각했지.
그 눈물을 다 모아 담으면 큰 항아리에 가득 채우고도
또 채울 만큼 눈물을 많이 흘렸어.
사람은 눈물로 만들어졌나 봐, 위야."

어머니는 끊임없이 눈물로 부르짖으셨습니다.
나는 그 기도의 힘으로
나의 고통, 환난, 모든 두려움을 이겨낼 수 있었습니다.
어머니의 사랑과 눈물이 담긴 기도 소리는
아직도 내 가슴을 소망으로 적십니다.

"사랑하는 주님! 사랑하는 나의 아버지여!!
온전히 위를 치유하소서.
주님! 당신의 아들 위가 제자리로 돌아올 수 있다면
저는 제 목숨을 내놓겠습니다.
주님! 저를 거두소서!!"

part 2

반드시 일어날 거야

꿈

푸른 잔디 위에 내가 서 있었다. 축구화를 신고 있는 두 발로 잔디를 몇 번 밟아 보니 익숙한 느낌이었다. 주위에 같이 운동장을 뛰고 있던 사람들의 얼굴이 자세히 보이지는 않았지만 아마도 내 친구들인 것 같았다. 페널티 박스 앞, 내가 평소에 슛을 하기 좋아하는 위치에서 공을 잡았다. 반대편 골키퍼가 서 있는 골대를 향해서 축구공을 오른발로 힘껏 찼다. 발등에 축구공이 얹히는 느낌이 완벽했다.

'골이다!'

내 발등을 떠나 날아가는 축구공의 궤적을 보면 알 수 있었다. 골 세리머니를 하기 위해 골대를 향해 강하게 날아가는 공을 똑바로 주시하고 있었는데 갑자기 하얀 천장이 보였다. 분명히 뛰면서 거친 호흡을 내뱉고 있었는데 눈을 감았다 떠 보니 나는 병실 침대에 누워 있었다. 마치 순간 이동을 한 것처럼…. 현실을 부정하고 싶어 다급한 마음에 내 머릿속을 향해 외쳤다.

'아니야, 두 다리가 움직이는 느낌 느껴졌었잖아. 확실하잖아.'

그리고 얼른 다리에 힘을 줘서 들어보려고 했으나 꿈쩍도 하지 않았다. 여전히 두 다리에는 전혀 감각이 없었다.

'아, 또 꿈이었구나. 이번에는 현실이라고 생각했는데…'

사실, 이번이 처음은 아니었다. 다리가 꿈틀거리는 꿈, 한쪽 다리만 움직이는 꿈, 달리고 있는 꿈…. 그런 꿈들을 꾸고 있노라면 마비가 풀리는 기쁨을 잠시나마 느끼긴 했지만 그 희열은 오래갈 수 없었다. 꿈속에서조차도 그 현실을 의심하는 습관이 생겼기 때문이다.

'이건 꿈이 아니겠지?'

꿈속에서 이렇게 질문을 하면 거짓말처럼 현실로 돌아오게 되었다. 이러한 상황을 몇 번이고 반복했다. 걷는 꿈은 내게 다시 걸을 수 있다는 희망을 안겨 주기도 했지만 동시에 움직일 수조차 없는 내 두 다리의 현실을 더욱 뼈저리게 느끼게도 했다.

병원 침대에 누워 있으면서 정말 수도 없이 다리에 힘을 주려고 했다. 머릿속을 집중해서 다리에 명령을 내리는 연습을 반복했지만 다리는 미동조차 하지 않았다. 내 두 다리는 한동안 움직이지 않았기 때문에 근육이 많이 빠져서 야위어 갔다. 그래도 다리 쪽에 외상은 전혀 없었기 때문에 오히려 움직이지 않는 다리가 신기하게 보였다. 침대에 누워 있는 시간이 길어질수록 거짓말처럼 내 다리가 멀게만 느껴졌다.

"당신은 평생 걸을 수 없을 겁니다."

중환자실에 누워 있는 내게 집도의가 했던 정말 믿어지지 않던 말이 이제는 서서히 이해되고 있었다. 아무리 의지를 가지고 노력을 해도 좋아질 수 없는 현실을 깨달았을 때의 그 좌절감은 상상할 수 없을 정도로 컸다. 그런데 한편으로는 반발심 비슷한 감정도 같이 커져가고 있었다. 청개구리 같은 마음, 불가능한 것을 가능하게 만들어서 세상 사람들한테 보여주고 싶은 마음이랄까.

'아니야, 하나님이 일으켜 주시면 난 반드시 일어날 거야.'

그렇게 내 마음 한구석에서는 기적을 이루고자 하는 열정이 불타오르고 있었다.

1%의 우정

　재활병원에 입원한 환자들은 대체로 병실의 문을 열어 놓고 생활을 한다. 그런데 밤 10시가 되면 대부분의 병실의 불빛은 사라지고 대화 소리, TV 소리도 잠잠해진다. 그리고 하나둘씩 병실 문이 닫히고 마치 군대 막사에서 취침 시간이 된 것처럼 잠자는 분위기가 조성되곤 한다.
　다음 날 아침부터 빡빡하게 짜여 있는 재활치료 일정을 소화하려면 그 시간에는 잠을 자야 했다. 그러나 나는 평소 밤에 눈이 더 초롱초롱해지고 오히려 정신이 또렷해졌다. 다치기 전에 내게 밤 10시는 한참 활발히 활동할 시간이었기 때문에 10시에는 잠이 전혀 오지 않았다. 내 몸은 아직도 과거의 나의 생활 습관에 더 익숙했다. 그래서 보통 밤에 불이 꺼지면 침대에 누워서 이어폰을 끼고 핸드폰을 많이 만지곤 했는데 가끔 지우랑 병실 침대 커튼을 치고 영화를 보기도 했다.

병원 생활에 익숙해지면서 꼭 다시 보고 싶은 영화가 있었다. 실화를 바탕으로 한 프랑스 영화 〈언터처블: 1%의 우정〉. 젊고 건장하지만 가난해서 당장 일자리가 필요한 무일푼 백수인 하위 1% 남자 드리스가 엄청난 재력이 있지만 불의의 사고를 당한 후 전신마비 환자가 되어 전동휠체어에 의지한 채 삶을 살고 있는 상위 1% 백만장자인 중년의 남자 필립을 만나면서 이야기가 시작된다. 필립은 자신을 돌봐 줄 간병인으로 듬직해 보이는 드리스를 고용하게 되고 그렇게 그 둘은 환자와 간병인으로 지내게 된다. 단순히 돈 때문에 선택했던 간병인 생활을 하면서 드리스는 오히려 전신마비가 된 필립의 삶을 이해하게 된다. 한편 필립은 전신마비가 된 이후로는 한 번도 다른 사람에게 마음의 문을 연 적이 없었지만 드리스와 함께 생활하면서 그에게는 마음을 열게 된다. 정말 어울리지 않을 것 같았던 극과 극의 두 사람이 동거하며 겪는 흥미진진한 이야기다.

　실화를 바탕으로 만들어진 내용이라 내게 진한 여운으로 남아 있기도 했고 영화 속 배경음악도 피아노 선율들이 아름다워 자주 듣곤 했다. 예전에는 전혀 상상조차 할 수 없었던 영화 속 필립의 상황이 내게 현실로 일어났기 때문에 이 영화를 다시 본다면 더 깊이 있게 감상할 수 있을 것 같았다. 그리고 간병을 해주고 있는 지우와 이 영화를 꼭 함께 보고 싶었다.

지우는 노트북을 내 침대 중간쯤에 올려놓고 간이침대에 누웠다. 우리는 노트북에 이어폰을 연결해서 각자 한쪽 귀에 꽂았다. 한쪽 귀에서만 들리는 영화 소리를 조금 더 집중해서 듣기 위해 숨을 죽였다.

24시간 누군가의 도움 없이 그 무엇 하나 할 수 없는 필립. 그의 모습에서 지금의 내가 보였다. 식사 시간에는 드리스가 음식을 먹여 주었고, 화장실에서는 드리스가 그의 몸을 들어 목욕용 휠체어에 앉혀서 직접 머리도 다 감겼다. 필립은 집에서 생활할 때도 혈전을 방지하기 위해 다리에 압박스타킹을 하고 있었고, 가끔 호흡곤란을 겪는 모습은 중환자실에서 막 나온 나의 모습과 별반 다르지 않았다.

드리스가 필립을 간병하다가 실수로 주전자에 있던 뜨거운 물을 필립의 다리에 흘렸다. 큰일 났다고 생각하여 놀라서 필립을 쳐다봤지만 필립은 아무런 반응이 없었다. 그러자 드리스는 이 상황이 신기한 듯 필립의 나머지 다리에도 물을 따랐다. 그 모습을 바라보던 필립이 짜증을 내며 말했다.

"드리스, 장난 다 끝났어? 나는 아무것도 느낄 수 없어."

예전에는 이 장면을 볼 때 어떤 상황이고 어떤 의미인지 전혀 알 수가 없어서 그냥 재미있게 보고 넘어갔지만 지금은 아니었다. 시선이 자연스레 내 다리로 향했다. 허벅지를 손으로 쓰다듬어 보기도 하고 만지작거리기도 했지만 필립처럼 아무것도 느낄 수 없었다. 영화가 아니라 분명히 현실이었다. 나는 이미 돌이킬 수 없는 새로운 인생의 한 시점에 들어와 버린 것이다. 나는 어느덧 나와는 전혀 상관없을 것 같았던 영화 속 주인공이 되어 있었다.

나는 지금껏 정말 많은 사람들과 만나고 삶을 나누며 지내왔다. 그래서 나는 사람들을 잘 이해하는 편이고 나름 공감도 잘한다고 생각했다. 그런데 그것은 나의 경솔한 생각이었음을 깨달았다.

전신마비로 인해 느끼는 어려움과 아픔은 말로 표현한다 해도 결코 공감하기 어려울뿐더러 이해하기 어렵다. 가장 가까운 가족일지라도 직접 경험하지 않으면 절대로 이해할 수 없는 것이다. 자신이 경험하지 않은 일에 대해 이해하려고 노력할 수는 있겠지만, 노력만으로는 그 사람이 처한 상황과 현실을 느낄 수 없다. 나는 지금껏 내가 다른 사람을 이해한다고 했던 말들이 결코 이해한 것이라고 볼 수 없다는 것을 알게 되었다.

그런데 지우는 달랐다. 환자인 나보다 늘 본인이 먼저 경험하려고 했다. 내가 다리에 착용하게 될 혈전 방지용 압박스타킹을 먼저 다리에 신어 보는가 하면 욕창 방지를 위한 공기침대 위에 내가 눕기도 전에 먼저 누워서 느낌을 미리 확인했다. 재활치료실에 있는 재활기구는 다 직접 사용해 보고 내게 주의할 점들을 말해 줬다. 심지어 내가 해야 하는 전기자극

치료에 쓰이는 전기 패드를 자기 몸에 부착하기도 했다. 전기 자극 치료는 전기 패드를 몸에 붙이고 전기자극 수치를 올려서 몸에 전류가 흐르게 한 뒤 패드를 붙인 부위의 근육 수축을 유도하는 것이다. 이 치료를 담당하는 물리치료사는 감각이 온전한 사람들은 조금만 전류가 흘러도 버티기 힘들 것이라고 했다. 그럼에도 불구하고 지우는 전기자극 수치를 최대로 올려서 본인이 직접 그 전기를 느꼈다.

치료하기 전에 내가 생각할 수 있는 막연한 공포심이나 걱정을 없애고 나를 안심시키기 위해서였다. 그리고 나의 상황을 온전히 이해하고 느끼고자 하는 노력이었다. 모든 것이 새롭고 불편할 수밖에 없는 나의 병원 생활은 지우 덕분에 불안하지 않고 안정적일 수 있었다.

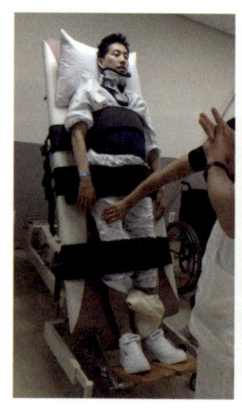 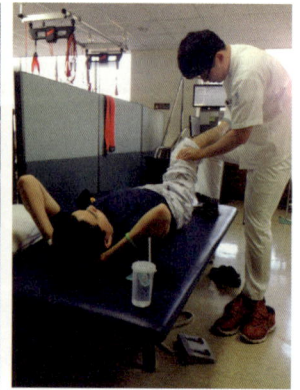

드리스는 필립이 장애인이라고 해서 특별하게 대하지 않았다. 오히려 팔을 사용하지 못한다고 놀리는가 하면 그가 먹고 싶다던 초콜릿을 주지 않고 혼자서 먹으며 약 올리기도 했다. 필립은 자신을 온전히 바라봐 주는 드리스가 좋았다. 나는 누워서 아무것도 할 수 없는 상황이었지만 지우는 나를 전신마비 환자가 아닌 자신의 형으로 바라봤다. 이런 의미에서 드리스와 필립은 마치 병원에서 생활하는 지우와 나의 모습과 비슷했다.

영화가 끝나고 필립의 대사가 기억에 남는다.

"내 진짜 장애는 사지마비가 아니야. 아내 없이 살아야 한다는 거지."

필립은 자신의 장애를 잊게 해주는 사람이 필요했다. 평생 동안 자신을 온전히 바라봐 줄 사람.

다행이다. 나를 온전히 바라봐 주는 가족이 곁에 있어서….

침대 목욕

 한겨울에도 축구를 하면 온몸이 흠뻑 젖을 정도로 땀이 많이 나는 체질이었다. 더위를 유난히 많이 타는 나는, 여름에 길을 조금 걷기만 해도 내 몸에 수도꼭지가 있나 싶을 정도로 땀을 줄줄 흘렸다. 한여름에 외출할 때는 제일 차가운 물로 샤워를 해서 몸의 열을 식히고 냉동실에 얼려 놓은 얼음을 비닐봉지에 한 뭉치 담아서 목에 찜질하며 걷기 일쑤였다. 그러한 노력에도 불구하고 땀이 너무 많이 나서 옷이 축축해지면 불쾌하고 짜증이 밀려왔다. 그냥 제발 여름에는 내 몸에서 땀이 조금만이라도 줄어들었으면 좋겠다는 생각을 자주 했다.
 내 간절함이 이루어진 것일까? 사고 후, 척수신경이 손상되자 자율신경계에 이상이 생겨서 몸에 땀이 전혀 나지 않게 되었다. 병원에 있는 나로서는 다행히도 조금 더 청결한 상태로 누워 있을 수 있었다. 몸에서 땀이 나지 않으니 오랫동안 씻지 않아도 끈적끈적하지 않고 뽀송했다. 게다가 가슴 아래로는 감각이 없어서 몸이 가렵거나 찝찝한 느낌을 전혀 느낄 수 없었기 때문에 나름 참을 만했다. 그래도 침대에 누워 있는 기간이 너무 길어지다 보니 점점 씻고 싶어졌다. 큰 수압으로 뿜어내는 물줄기를 내 머리와 얼굴만에라도 시원하게 뿌려 주면 얼마나 좋을까.

그 당시에는 휠체어에 잠시만 앉아 있어도 어지러움을 너무 심하게 느껴서 도저히 오래 앉아 있을 수가 없었다. 병실에서 재활치료실로 이동할 때 짧은 시간 정도만 버틸 수 있는 수준이었다. 그래서 입원한 지 두 달이 넘는 기간 동안 단 한 번도 샤워를 하지 못했다. 감히 샤워를 할 엄두가 나지 않았다. 그리고 몸에 열이 하루에도 몇 번씩 오르고 내리기를 반복했기 때문에 체온이 안정될 때까지 기다려야 했다. 씻었다가 감기라도 걸리면 큰일이라 샤워를 시도할 수가 없었다. 그저 침대에서 젖은 물수건이나 물티슈로 몸을 닦아내는 것이 나에게는 최신의 샤워였다.

"위야, 너 이제 진짜 씻어야겠다."

어머니는 결심한 듯 병실을 나가셨다. 그리고 얼마 후, 간호사와 함께 조금 특이하게 생긴 파란색 침대를 하나 병실로 밀고 오셨다. 마치 목욕탕에서 때를 벗길 때 누워 있는 마사지 침대에다가 바퀴를 달아놓은 것 같았다.

"이 침대에 옮겨서 씻으면 된대. 한번 씻어 보자."

사람들은 내가 누워 있는 침대 바로 옆에 나란히 파란 침대를 붙여 놓았다. 그리고 내가 깔고 누워 있는 이불의 모서리 부분을 네 명이 각자 잡았다.

"하나, 둘, 셋!"

구호 소리가 끝나는 동시에 나는 이불 위에 누워 있는 채로 파란 침대에 옮겨졌다. 마침 병실에 친구 귀철이와 정희 누나가 같이 있었는데 귀철이가 샤워실에서 엄마를 도와줄 참이었다. 이동식 침대에 누워서 병실 안에 있는 샤워실로 들어가려고 할 때쯤 마침 산돌이 부모님께서 병문안을 오셨다.

"안녕하세요. 어머님, 그런데 어떡하죠? 지금 제가 막 샤워를 하러 화장실에 들어가려던 참이었거든요."

산돌이 어머니는 조금의 망설임도 없이 내게 말씀하셨다.

"위야, 내가 조금 도와줘도 될까?"

"네?"

"너도 내 아들이잖아."

산돌이 어머니께 정말 감사했지만 조금 당황스럽기도 했다. 아무리 어렸을 때부터 뵈어왔던 분이라고 할지라도 성인이 되어 버린 나의 벌거벗은 몸을 어머님께 드러내는 것은 도저히 상상할 수 없었다.

'그래도… 산돌이 어머니는 내게 어머니와도 같은 분이니까….'

고민을 하다가 감사한 마음으로 산돌이 어머님의 도움을 받기로 결정했다.

"어머님, 저 그럼 부끄럽지만 누워 있겠습니다."

그러자 옆에 있었던 정희 누나가 기다렸다는 듯이 말했다.

"위야, 누나도 도와주면 안 될까?"

산돌 어머니, 정희 누나는 기꺼이 내 어머니가 되어 주셨다. 나는 파란 침대에 누운 채로 세 명의 어머니와 귀철이 그리고 아버지와 함께 샤워실에 들어갔다. 좁은 샤워실에 누워 있으니 마치 밀폐된 수술실에서 의료진들이 나를 바라보고 있는 것 같았다. 의료진들(?)은 성스러운 의식을 치르듯 내 몸에 물을 뿌린 뒤 몸 곳곳에 정성스럽게 비누칠을 하기 시작했다. 얼마 지나지 않아 샤워실 안은 엄청난 습기와 함께 후끈해졌고 그들의 얼굴에는 땀방울이 맺히기 시작했다.

어머니는 당신의 머리에 이슬처럼 맺힌 땀은 닦을 생각도 없이 오로지 내 몸에만 온 신경을 쏟으셨다. 마치 어린 시절의 나를 씻기듯 자연스럽고 사랑이 듬뿍 묻어나오는 모습이었다. 스물여덟 살이 된 자식의 몸을 씻기면서도 미소를 잃지 않는 어머니의 모습을 잊을 수가 없다. 그 어머니의 아름다운 미소를 보자 마비되어 침대에 누워 있는 내 자신이 더욱더 원망스러워졌다.

"엄마, 나 국가대표 축구선수가 되어서 엄마가 앤틱 가구 마음껏 놓을 수 있게 3층짜리 큰 집 사 줄게!"

어린 시절, 당차고 자신 있게 자주 했던 말이 떠올랐다. 이제 곧 서른이 되어 장가를 갈 나이가 되어 버렸는데 그저 침

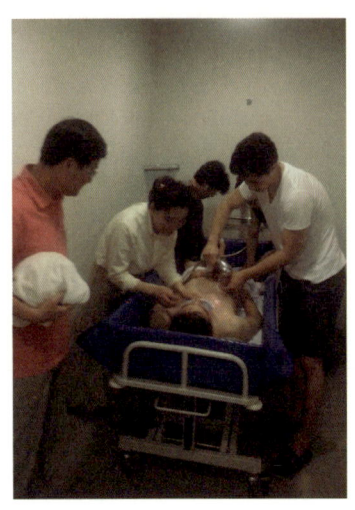

대에 누워서 어머니가 내 몸을 씻겨 주는 모습을 바라볼 수밖에 없다는 사실이 나를 정말 괴롭게 만들었다. 지금 아무리 후회해도 달라질 수 있는 것은 아무것도 없었다. 어머니의 눈에 나는 아직도 사랑을 주고 돌봐야 할 어린아이였다.

"위야, 정말 시원하겠다. 얼마나 답답했겠어. 두 달 만에 네가 씻으니까 내가 다 깨끗해지는 것 같아."

어머니는 행복한 웃음을 지으며 만족해하셨다. 어머니가 행복해하시자 거짓말처럼 내 마음의 근심들도 사라지기 시작했다.

약 두 달여 만에 누워서 맞는 물줄기는 내 갑갑했던 마음도 씻어냈다. 특히 머리를 감을 때는 몸의 간지러운 부위를 시원하게 긁어낼 때의 쾌감을 훨씬 뛰어넘는 상쾌함을 느꼈다. 비록 가슴 아래로는 감각이 없어 몸에 물이 닿아도 아무것도 느낄 수 없었지만 물줄기가 몸에 닿는 소리만으로도 찌든 때가 벗겨지는 것 같았다.

　행복했던 내 생애 첫 침대 목욕은 세 어머니와 함께 부끄러움마저 덮어 버렸다.

내가 원하는 곳으로

재활병원에서 두 달 정도 지내다 보니 겨우 휠체어에 앉을 수 있게 되었지만 스스로 휠체어를 밀 수 있는 힘은 없었기 때문에 누군가가 뒤에서 휠체어를 밀어 줘서 이동해야만 했다. 병원 안에서의 이동은 병실에서 재활치료실로 가는 것이 전부였지만 내가 혼자서 가고 싶은 곳을 갈 수 없다는 답답함을 늘 느끼며 지냈다.

다행히 조금씩 팔에 힘이 생기면서 스스로 휠체어를 미는 연습을 시작할 수 있었다. 비록 미약한 힘이었지만 매끈한 병원 바닥에서 휠체어를 미는 것은 이제 잘할 수 있게 되었다. 그래서 나는 휠체어에 앉아 이동할 때면 최대한 스스로 휠체어를 밀어 보려고 했는데 어머니는 항상 휠체어를 뒤에서 밀어 주시려고 했다. 나는 내 의지와 상관없이 내 몸이 움직이는 것이 왠지 모르게 짜증이 났다. 그래서 어머니가 내 휠체어를 밀면 굉장히 신경질적으로 반응하기 시작했다.

"엄마, 내가 밀어서 갈게. 나도 밀 수 있어. 제발 손잡이 좀 잡지 마."

"위야, 너 어깨 조심해야 해. 이 정도는 엄마가 도와줄 수 있어."

"엄마, 내가 스스로 움직여야 할 것 아니야. 자꾸 이렇게 도와주면 내가 독립적으로 살아갈 수 있겠어?"

"……."

어머니는 내가 걱정이 되기도 하고 내게 조금이라도 도움을 주려고 그러시는 것일 텐데 도리어 나는 너무 짜증이 나서 신경질을 냈다. 어머니가 나를 '도와줘야만 하는 아들'로 생각하시도록 내버려 두고 싶지 않았던 마음에 일부러 더 강하게 화를 낸 것도 있었다.

비록 휠체어를 타고 있기는 하지만 내 손의 힘으로 바퀴를 굴리면 원하는 곳으로 갈 수 있었기에 누군가가 내 휠체어를 밀면 마치 나의 길음을 조종하는 듯한 느낌이 들었다. 내가 힘이 부족해서 할 수 없는 것이라면 이해가 되겠지만 혼자 힘으로 휠체어를 밀 수 있는 충분한 상황에서는 용납이 되지 않았다. 수동적인 사람이 되는 느낌이 너무 싫었다.

다치기 전에 걸을 때도 나는 똑바로만 걷지 않았다. 같은 길을 걸어도 가끔은 지그재그로 걷기도 하고, 나뭇잎을 밟기도 하고, 한 걸음 한 걸음을 내디딜 때마다 원하는 방향을 내가 스스로 결정하며 걸었다. 가끔은 횡단보도를 건널 때 흰색

부분만 밟으면서 걷기도 했다. 다양한 모양의 보도블록을 선을 밟지 않으려고 까치발을 들고 엉거주춤하게 발가락에 힘을 주며 게임을 하듯 걷기도 했다. 특별한 이유는 없었지만 이따금씩 머릿속으로 순간적인 규칙을 만들어 지키려고 노력하며 걸었던 기억이 난다.

그제야 깨달았다. 걸을 때마저도 나의 자유가 깃들어 있다는 것을…. 내 마음대로 걸음을 선택할 수 있음이 감사하다는 것을….

예쁜 손

"위는 손이 길고 참 예쁘다."

병실에 찾아온 사람들은 대부분 이런 말을 했다. 누워 있는 내게 한 마디라도 더 긍정적인 말을 건네고 싶은 마음이지 않았을까.

사실, 내 손의 살과 근육은 점점 빠져가고 있었다. 손가락을 전혀 움직일 수가 없었기 때문에 당연했다. 다치기 전에는 운동을 많이 해서 거칠고 튼튼했던 손이 이제는 말라서 뼈가 보일랑 말랑하게 되자 내 눈에는 손이 처량하고 연약해 보였다.

가슴 밑으로 마비된 몸의 부위는 감각이 거의 없었지만 그나마 손과 손가락에는 정말 미세한 감각만이 남아 있었다. 그렇다고 해도 지금 내 손에 남아 있는 감각과 힘은 일상생활을 하기에 기능적으로 아무런 도움이 되지 않았다. 혼자서 옷을 입을 수도 없고 숟가락을 쥘 수도 없고 칫솔을 잡을 수도 없었다. 목이 당장 너무 말라도 스스로 물조차 마실 수 없었다. 누군가의 도움 없이는 일상생활 자체가 완전히 불가능해져 버리고 만 것이다. 자유가 있으나 그 자유를 누릴 수 없다는 사실은 내게 큰 상실감을 안겨 주었다.

매일 움직이지 않는 내 손을 바라보며 수천 번도 넘게 명령을 내렸지만 손은 꼼짝도 하지 않았다. 머리는 분명히 과거의 나의 모든 동작과 움직임을 정확히 기억하고 있었지만 아무 소용 없었다. 상처 하나 없이 온전하지만 움직일 수 없는 내 몸을 바라보는 것은 그야말로 커다란 고문이었다.

지금까지 살면서 손이 얼마나 중요한 신체 부위인지 전혀 몰랐던 것 같다. 아니, 생각해 본 적도 없었다. 손가락의 미세한 근육을 이용한 세밀한 동작들이 이렇게 중요할 줄이야. 이 작은 두 손이 지금까지의 내 일상생활을 가능하게 해주었다는 사실을 새삼 깨닫게 되었다.

병원 생활 초반에는 그지 누워서 가족들이 떠먹여 주는 밥을 먹었다. 처음에는 음식을 누워서 먹는다는 것 자체가 불가능해 보였으나 누워서 밥을 먹다 보니 꽤 익숙해져서 누워 있는 상태로도 소화를 잘 시킬 수 있게 되었다.

누워 있을 때는 시선이 천장을 향하고 있어서 음식을 볼 수 없었기 때문에 누군가가 그저 내 입에 넣어 주는 대로 먹는 것에 만족했다. 누워서는 음식의 모양이나 색깔, 배열들이 전혀 보이지 않았으므로 밥과 반찬을 어떻게 어떤 순서로 먹고 싶다는 욕구가 특별히 느껴지지 않았다. 그리고 무엇보다 반찬을 골라서 내가 먹고 싶은 대로 먹는 것은 사치라고 생각했다. 간병해 주는 가족들한테 이미 너무나 미안했고 내 손과 발이 되어 주는 것만으로도 충분히 감사했기 때문이다.

 시간이 지나고 상태가 조금 호전되어 앉을 수 있게 되었다. 식사시간이 되면 침대를 의자처럼 세우고 등을 기댄 상태로 침대 중앙에 설치된 식탁을 펼쳐서 밥을 먹었다. 누워서 밥을 먹을 때랑은 비교가 되지 않았다. 마치 격식을 갖춰 식사를 하는 기분이었다. 그러나 여전히 누군가가 음식을 떠먹여 줘야 먹을 수 있었다.

 내게 숟가락만이라도 쥘 수 있는 힘이 있었다면 김치를 먼저 먹고 밥을 먹을 수도 있고, 김치를 밥에 얹어 먹을 수도 있고, 멸치볶음을 먹고 국을 한 숟가락 뜰 수도 있었을 것이다. 하지만 밥과 반찬들이 식탁에 가지런히 놓여 있어도 내가 원하는 순서대로 먹을 수 없었다. 내 예쁜 손은 여전히 아주 미세한 움직임만 있을 뿐이었다.

 재활치료는 크게 몸의 전체적인 운동기능을 향상시키는 것에 집중하는 물리치료와 일상생활 동작을 연습하는 작업치료로 나누어져 있다. 마비환자인 내게는 몸의 부위별로 큰 근육을 움직이며 운동하는 물리치료보다 잘 움직이지 않는 손가락으로 숟가락을 잡거나 조그마한 물건을 집어 나르는 등의 작업치료가 훨씬 힘들게 느껴졌다.

다치기 전에도 한 근육 부위에 집중해서 힘을 주어 운동하는 것은 어려운 방법이었다. 그런데 지금은 움직이지 않는 손가락에 온 정신을 집중해서 움직인다는 상상을 하며 힘을 주는 연습을 하니 더더욱 어려웠다.

누운 상태로 팔을 들어 중력을 이겨내는 운동을 할 때 횟수를 반복하면 근육이 지치는 것을 느낄 수 있었다. 그리고 지친 근육 때문에 운동을 하고 있다는 생각이 그나마 들었다. 그런데 움직이지 않는 부위에 머리로 힘을 주는 것은 신체운동보다 정신수련에 더 가까웠다. 게다가 아무런 변화도 일어나지 않기 때문에 인내의 연속이었으며 짜증도 많이 났다. 작업치료는 항상 정신적 고통을 수반했다.

그럼에도 시간이 지나자 기적처럼 내 손가락에 조금씩 힘이 들어오기 시작했다. 정말 미세하고 속도도 더디었지만 분명히 좋아지고 있었다.

병원에서 하루에 먹어야 하는 약은 손바닥에 놓으면 꽉 찰 정도로 많았다. 약을 먹으면 부작용으로 목이 끊임없이 마르거나 머리가 어지럽기도 했다. 소변 색이 탁하고 소변에 흰색 이물질이 많이 보이면 소변줄 밖으로 소변이 자주 새어 나오곤 했는데 이는 소변에 균이 많이 생겼기 때문이었다. 세균 수치를 낮추기 위해 물을 많이 마시기도 했지만 자연적으로 수치가 낮아지지 않을 때는 항생제를 먹어야 했다. 항생제를 몇 번 먹다 보면 목구멍에서부터 혀까지 쓴맛이 전달되어 입안이 온통 쓴 가루약으로 뒤덮인 듯한 느낌이 들었다. 그러면 식욕이 완전히 사라져 버리게 되었다. 어떤 음식을 먹더라도 다 쓰게만 느껴졌다. 심지어 달콤한 과일주스를 마셔도 뒤끝이 쌉쌀한 느낌이 나서 혀를 찼다. 이 증상이 심할 때는 밥을 먹는 대신에 수액을 맞기도 했다.

입맛이 없어도 약을 먹고 재활운동을 하기 위해서는 밥을 억지로 먹어야 했다. 밥을 먹지 못해서 골골대고 있는 나를 위해 어머니는 집에서 직접 밥을 해서 병원으로 가져오실 때가 많았다.

재활운동이 끝나고 점심시간이 되었다. 어머니가 양손 가득 도시락을 싸 오셨다.

"위야, 엄마가 오늘 고기를 구워 왔어. 상추랑 네가 좋아하는 고추장도 있으니까 지우랑 같이 먹어. 엄마는 바로 교회 가야 해서 음식만 주고 갈게."

지우는 능숙하게 침대 위 식탁에 밥을 차렸다.

"형, 오늘 쌈 싸는 거 한번 해볼래?"

지우가 도시락 안에 있던 일회용 비닐장갑을 꺼내며 말했다. 이제야 막 숟가락을 들 수 있을 정도의 미세한 악력이 생긴 정도라 내 손으로 쌈을 싸면 상추 속에 있는 고기나 밥알을 다 흘려버릴 것이 뻔했다. 그런데 만약 내 손으로 직접 쌈을 싸서 먹는다면 왠지 더 맛있게 먹을 수 있을 것 같았다.

"그럼 나 손에 장갑 좀 껴 줘."

얇은 종이 한 장도 집을 수 없었던 나는 상추조차도 내 손으로 집을 수 없었다. 그래서 두 손바닥으로 손뼉을 치듯 상추를 집어서 왼쪽 손바닥에 올렸다. 그러고는 오른손으로 숟가락을 잡고 고기와 밥을 차례로 상추 위에 쌓아 올렸다. 쌈을 싸기 위한 모든 준비는 완료됐지만 왼손의 악력으로는 상추로 고기와 밥을 동그랗게 쌀 수 없을 것 같았다.

"지우야, 입을 좀 크게 벌려 봐."

지우는 내 손을 보더니 자신이 벌릴 수 있는 최대로 크게 입을 벌렸다. 상추가 밥알과 고기를 다 감싸지 못한 채로 지우 입에 가까스로 들어갔다. 지우는 쌈을 입에 머금고 와그작 소리를 내며 맛있게 먹었다.

"형, 형이 나한테 쌈을 싸 줬어! 신기하다! 다시 한번 더 쌈을 싸 줘. 사진 찍어서 엄마, 아빠한테 보내자."

나는 다시 쌈을 싸서 지우가 벌린 입을 향해 손을 뻗었다. 신이 난 지우는 그 순간, 우리의 작은 행복을 사진으로 담았다.

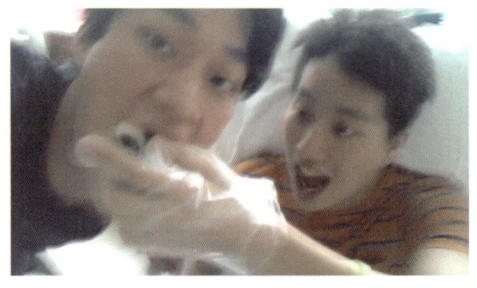

엄마는 감자탱이만 들어

　병원 생활을 하면서 침대에 누워 유튜브 영상을 자주 봤다. 검색어는 'wheelchair'. 사실 처음에는 한국어로 '휠체어'를 검색했지만 한국에서 만들어진 콘텐츠는 딱히 볼 만한 영상이 없었다. 반면에 외국 사람들은 휠체어를 타고 있는 자신들의 일상을 영상으로 만들어서 유튜브에 많이 공유를 하고 있었다. 하반신 마비가 된 사람이 어떻게 운전을 하는지, 휠체어를 타고 어떻게 계단을 올라가고 내려가는지, 휠체어를 타고 헬스장에서 어떻게 운동을 하는지 등등 다양한 영상들을 접할 수 있었다.

　그때 당시의 내 몸 상태로는 도저히 상상할 수 없는 영상 속의 사람들을 넋이 나간 듯 멍하게 바라만 보는 시간들이 잦아졌다. 이런 영상들을 보며 나의 미래에 대한 희망을 품기도 했으나 한편으로는 괴리감이 느껴지기도 했다. 영상에 자주 등장하는 사람들은 나처럼 상지와 하지가 모두 마비가 된 사람보다는 보통 상지 부분은 신경손상이 거의 없는 하반신만 마비된 사람들이었기 때문이다.

'나는 손가락에 힘이 없는데 저 사람처럼 운전을 할 수 있을까?'

'내가 바닥에 넘어지면 혼자서 휠체어 위로 올라갈 수 있을까?'

아직 걸음마를 떼지도 못한 아이한테 혼자서 자전거를 타라고 하는 느낌이랄까.

재활운동이 끝나고 중간 쉬는 시간, 병실에 잠시 누워서 다음 시간을 기다리고 있었다. 그날 오후 시간에는 어머니가 함께 있었는데 마침 어머니가 잠시 자리를 비우신 상황이었다. 5분 정도 후면 다시 다음 재활치료에 참여하기 위해 휠체어로 옮겨 앉아야 했다.

병실에 혼자 있으니 영상 속의 독립적인 사람들의 모습이 떠올랐다. 갑자기 오기가 생기기 시작했다. 혼자서 침대에서 휠체어로 옮겨 앉아 보고 싶은 마음이 요동쳤다. 지금까지는 안전을 위해서 항상 물리치료사 선생님이나 아버지 혹은 지우가 나를 안아서 휠체어에 옮겨 앉힌 후에 치료실로 이동했었다. 그런데 평소에도 누군가에 의해 몸이 들려지는 느낌이 싫었다. 내가 원할 때, 내 의지로, 내 힘으로 옮겨 앉고 싶었다. 최근에 팔 힘이 꽤나 좋아졌다고 생각해서 왠지 모를 자신감도 생겼다. 아무도 없을 때, 바로 지금이 절호의 기회였다.

침대 옆에 사선으로 휠체어를 세운 뒤 왼손으로는 침대를, 오른손으로는 휠체어를 짚고 속으로 '하나, 둘, 셋'을 외치며 온 힘을 다해 휠체어로 몸을 던졌다.

"으아악!"

눈 깜짝할 사이에 양 다리가 가위처럼 꼬인 채로 주저앉았다. 그리고 양팔로 겨우 엉덩이만 땅에 닿지 않을 정도로 버티고 있었다. 내 비명 소리에 놀라 어디선가 어머니가 가장 먼저 달려오셨다. 어머니는 내 뒤에서 두 팔로 있는 힘껏 부둥켜안은 상태로 화를 내셨다.

"위야, 왜 네가 혼자서 하려고 했어!"

"내가 할 수 있을 줄 알았지!"

넘어진 내 자신한테 화가 난 것이었지만 괜히 아무 잘못도 없는 어머니한테 더 크게 소리를 내며 성질을 부렸다. 어머니와 실랑이하고 있던 와중에 병실 옆 치료실에서 치료사 선생님들이 달려왔다 선생님 두 명이 좌우르 나를 붙든 뒤 휠체어에 앉혔다. 그리고 다들 놀란 표정으로 내게 질문했다.

"박위 님, 괜찮으세요?"

"네, 괜찮아요."

그 순간에 어머니가 달려오시지 않았더라면 그 자리에 고꾸라져 넘어져서 큰 부상으로 이어질 수도 있는 위험한 상황이었다. 정말 짧은 찰나의 순간이었지만 어머니는 당신보다 두 배 정도 몸무게가 더 나가는 거대한 아들을 안고 필사적으로 버티신 것이었다.

휠체어에 앉은 나는 괜히 머쓱해져서 어머니를 보며 말했다.

"엄마 허리 괜찮아?"

"야, 너 앞으로 절대 혼자 그렇게 하지 마!"

소리치시는 어머니의 모습이 그날따라 더 왜소해 보였다.

초등학생 때 영국에서 살던 시절, 어머니랑 같이 마트에서 장을 보면 집에 가는 길에 항상 어머니랑 실랑이가 벌어졌다.

"위야, 엄마가 들게. 엄마한테도 좀 줘."

"아니야, 엄마는 감자탱이만 들어."

마트에서 우리 집을 가려면 예쁘고 아담한 2층짜리 집들을 가로질러 기나긴 언덕을 두 번은 더 넘어가야 했다. 십 분 남짓 걸어가는 동안 8살이었던 지우도 손에 장바구니를 들었다. 우리는 어머니보다 앞서서 걸었다. 그래야 손에 든 장바구니를 빼앗기지 않을 수 있었다. 그리고 그런 내 고집을 꺾지 못한 어머니의 입가에는 미소가 번졌다. 그러면 나는 어머니를 도왔다는 생각에 스스로 굉장히 뿌듯해했다.

그 당시에 아버지는 한국에서 회사를 다니셨기 때문에 영국에서는 어머니랑 지우랑 셋이서 생활했다. 그래서 나는 어렸을 때부터 자연스럽게 어머니와 지우를 보호해야 한다는 생각을 하게 된 것 같다.

대학생이 되어서는 어머니의 운전기사가 되기도 하고, 시장에도 자주 같이 가서 꼭 짐을 들어 드렸다. 어머니가 집을 비우셨을 때는 혼자 집 안을 대청소할 때도 많았다. 그냥 어머니께 도움이 되고 싶었다. 그리고 그런 나를 보고 어머니는 항상 환하게 웃어 주셨다.

나는 더욱더 간절해졌다. 다시 어머니의 환한 미소를 보기 위해 죽을힘을 다해 일어서야 한다.

슈퍼맨 리

재활치료를 마무리하고 침대에 누워서 유튜브를 켰다. 의사 가운을 입고 휠체어를 탄 한 동양인이 병원 복도를 지나가고 있는 썸네일이 눈에 들어왔다. 호기심에 이끌려 화면을 클릭하게 되었다. (아주 오래전에 방영되었던 KBS 〈인간극장〉의 한 영상 클립이었다.)

부모님을 따라 8살 때 미국으로 이민 간 그는 어렸을 때부터 기계체조를 배웠다. 그는 기계체조에 굉장한 소질이 있었고 이내 곧 올림픽 메달을 바라볼 수 있을 정도가 되어 대한민국 국가대표 선수로 발탁되었다.

그러던 1983년 7월 4일, 그의 나이 18세 때 고난도 회전 기술을 연습하던 중 목이 부러져 척수신경이 끊어지고 만다. 그는 손가락도 전혀 움직일 수 없는 사지마비 환자가 되었지만 자신과 같은 사람들을 일으켜 세우고 싶다는 꿈을 가지게 되었고, 병원에서 사람들의 도움을 받아가며 공부를 하기 시작했다. 불가능할 것만 같았던 의대에 합격하고 하버드 의대에서 인턴, 존스 홉킨스 병원에서 수석 레지던트 과정을 거쳐 존스 홉킨스 대학에서 재활의학과 전문의가 되었다. 그는 미국 주요 언론에서 '슈퍼맨 리'로 불리게 된다. 한국 이름은 이승복.

의사가 되는 과정 중에 그에게 또 다른 시련이 찾아왔다. 그의 손과 발이 되어 주었던 어머니가 갑자기 중풍에 걸려 휠체어를 타고 생활하게 된 것이다. 그러나 그에게는 큰 문제처럼 보이지 않았다. 영상에서 그는 한 손으로는 자신의 휠체어를, 다른 한 손으로는 어머니가 타고 있는 휠체어를 밀면서 다녔다. 그리고 거의 움직이지도 않는 손으로 딸기 꼭지를 칼로 정성스레 떼서 어머니께 드리는 그의 모습은 건강한 육체를 가지고 있는 사람보다 더 강인해 보였다. 여러 가지 어려운 상황 속에서도 그는 좌절하지 않고 덤덤히 자신의 삶을 지켜나갔다.

영상을 보는 내내 눈가에 눈물이 흘렀다. 감사했다. 그가 자신의 삶을 멋지게 살아내고 있어서…. 그리고 한편으로는 가슴이 너무 아팠다. 육체의 한계로 인해 어머니를 잘 돌보지 못하는 상황이 생겼을 때 그가 느끼게 될 좌절감이나 답답함이 내게 고스란히 전해졌기 때문이다. 당연히 그도 몸이 편찮으신 어머니를 더 잘 보살펴 드리고 싶었을 것이다.

'만약 내가 나이가 들어 휠체어를 타고 있는데 우리 부모님의 몸이 불편해지면 어떡하지?'

생각하기도 싫었다. 내가 나이가 들어서도 계속 휠체어를 타고 있는 모습을…. 그런 나를 안타깝게 바라보는 노부부의 모습을….

한없이 우울해지려고 할 때쯤, 영상이 바뀌었다.

그는 휠체어를 타고 병원 복도를 가로질러 병실에 들어갔다. 그리고 침대에 누워 있는 전신이 마비된 어린 백인 환자에게 영어로 말했다.

"내가 휠체어에 앉아 있는 것 보이지? 나는 원래 나의 조국 대한민국에서 체조 국가대표 선수로 세계 대회에 나갔었어. 그런데 올림픽을 위해 연습하다가 넘어져서 목이 부러졌지. 그렇다고 해서 내가 하고 싶은 일을 못 하거나 안 하고 싶지 않았어. 나는 너 같은 사람들을 돕고 싶었어. 그래서 지금 네 앞에 있는 거야. 그러니 너도 똑같이 할 수 있어. 하나님도 네 옆에 계시고, 가족과 사랑하는 사람들도 아주 많고, 세상에서 가장 실력이 좋은 의사들과 의료진들이 너를 돕고 있어. 알겠지? 계속 믿음을 가지고 열심히 해나가자."

그 말을 들은 아이는 왼쪽 손가락 중지와 약지를 인사하듯 끄덕였다.

자신이 겪은 고난을 이겨내는 것을 넘어 고통 가운데 살아가고 있는 사람들에게 희망을 주는 삶을 선택한 그가 지구

반대편 병실에 누워 있는 나마저도 위로했다. 그리고 나는 다짐했다.

 '나도 사람들을 위로할 수 있는 사람이 되겠어.'

Me before you

영화 〈미 비포 유〉를 보면
전신마비가 된 남자 주인공이 이런 말을 해요.
"예전의 나로 돌아가서 파리의 거리를 걷고 싶어요."

마비가 되기 전 자신의 삶을 사랑했던
남자 주인공은 결국 죽음을 선택하죠.
과거의 삶이 우리 인생에 물리적으로
어떤 영향을 줄 수 있을까요?

저는 '삶'을 선택했어요.
불완전한 삶은 새로운 시각을 선사합니다.
이제 제게 당연한 것은 없어요.
모든 일상이 감사하게 느껴지는,
풍요로운 행복을 경험하는 중이죠.

지금 숨 쉴 수 있다는 건,
우리에게 아직 기회가 있다는 거예요.

part 3

의지와 좌절 사이에서

11km

병원에서 퇴원을 했지만 내가 스스로 할 수 있는 것은 여전히 거의 아무것도 없었다. 옷을 입고 벗는 것, 밥을 먹는 것, 나의 대변, 소변을 처리하는 것도 여전히 가족들의 몫이었다. 심지어 아침이 되어 잠에서 깨어나도 도움을 받지 않으면 침대 위에서 몸을 일으킬 수 없었다.

밤에 잠을 자기 위해 침대에 누우려면 집에 아버지나 지우가 올 때까지 꼼짝없이 기다려야 했다. 휠체어에서 내 몸을 들어 침대에 옮기려면 성인 남성 이상의 힘이 필요했기 때문이다. 그래서 가끔은 아침부터 새벽이 될 때까지 하루 종일 휠체어에 앉아 있을 때도 있었다. 어머니가 혼자서 나를 옮기기에는 내 덩치가 너무 크고 무거웠다.

가족들은 점점 나의 손과 발이 되어가고 있었고 나는 이러한 수동적인 삶에 익숙해지고 있었다. 나는 내 몸의 기능이 언젠가는 돌아올 것이라고 확신했다. 그러나 한편으로는 손상된 신경이 빠른 시간 안에 저절로 회복되기를 믿고 싶었는지도 모른다. 신경이 예전처럼 돌아오면 여태껏 불가능하게 느껴졌던 내 일상의 대부분이 제자리를 찾아갈 것이라 생각했다. 그러나 내 예상과는 다르게 손상된 신경의 회복 속도는 암울할 정도로 더디었다. 이렇게 생활하다간 혼자서 독립적인 생활은커녕 사소한 일조차도 누군가에게 의지한 채로 살아가야 할 것 같았다. 가끔 이런 생각이 들 때면 초조한 마음이 빠르게 엄습했다. 하지만 그 현실을 받아들여야만 했다. 이제는 더 이상 손상된 신경이 회복되기만을 마냥 기다리고 있을 수 없었다.

'그 누구도 내 인생을 대신해서 살아 줄 수 없어. 가족도 내 곁에서 평생 함께할 수 없고 언젠가 서로 헤어져야 할 때가 오겠지. 나는 혼자서 살 수 있어야 돼. 반드시 독립적으로 생활할 수 있을 때까지 재활을 해야 해.'

재활하는 데 가장 기본이 되는 운동은 휠체어를 혼자 미는 것이었다. 혼자서 휠체어를 밀 수 있어야 어디로든 이동이 가능하기 때문에 두 다리로 다시 일어서기 전까지는 휠체어를 내 다리처럼 생각하기로 했다.

'휠체어를 밀자. 최대한 멀리. 오랫동안 밀자.'

집 근처에 있는 한강은 가깝기도 하고 안전하게 오랫동안 휠체어를 밀 수 있는 곳이었다. 한강 공원의 인도는 일반 인도와 다르게 평평한 아스팔트로 잘 포장되어 있었다. 휠체어는 노면의 상태에 영향을 많이 받을 수밖에 없는데 특히 아스팔트가 깔린 인도는 최고의 휠체어 승차감을 선사했다.

그날 저녁, 양손에 가죽장갑을 끼고 현관문 앞에서 호기롭게 외쳤다.

"한강에서 운동 좀 하고 오겠습니다!"

"위야, 너 혼자 어떻게 나가려고 그래?"

병원에서 퇴원을 하고 집에 온 뒤부터는 내가 어디를 가든지 무엇을 하든지 부모님은 늘 걱정이 많으셨다. 집 안에서나 밖에서도 내가 혼자 있는 것보다는 나를 지켜 줄 수 있는 친구가 내 곁에 있기를 바라셨다. 내가 혼자 있을 때 만에 하나 위급한 상황이 생길지도 모른다는 생각을 버리지 못하신 것이다. 나는 29살짜리 거대한 어린아이가 되어 있었다. 혼자서 한강에 나가기 위해서는 부모님을 설득해야 했다. 부모님이 안심하시도록…. 그것부터 재활의 시작이었다.

한강에 나가겠다고 큰소리를 쳤지만 우리 집에서 혼자 나가는 것 자체가 사실 불가능했다. 엘리베이터를 타고 1층에 내려가도 5개의 계단이 항상 내 앞을 가로막았다. 아파트 출입문을 나가기 위해서는 계단을 내려가야 했기 때문에 무조건 누군가의 도움이 필요했다. 지우나 아버지가 집에 없고 어머니만 있을 때는 집 밖으로의 외출이 어려웠다. 그래도 가끔은 경비원 아저씨나 이웃 주민들이 도와주는 경우도 있었다.

하지만 외출할 때마다 불편함은 항상 감수할 수밖에 없었다. 특히 가족이나 주변 분들이 내가 타고 있는 휠체어를 붙들고 계단을 오르고 내릴 때마다 나는 항상 미안하고 죄송스러운 마음이 들었다. 집을 나서기 어려운 상황에서 내게 큰 힘이 되어 주었던 것은 동네 친구들이었다.

　나는 중학교 1학년 때 지금 사는 곳으로 이사 온 뒤로 쭉 이 동네에서 살았다. 특이한 점은 어렸을 때 학교를 같이 다녔던 친구들이 거의 대부분 이사를 가지 않고 같은 지역에서 계속 살고 있다는 점이다. 이는 곧 내게 위급한 상황이 생기면 얼마든지 나를 도와줄 수 있는 동네 친구들이 근처에 있다는 뜻이기도 했다. 게다가 취업준비생인 친구들이 많아서 직장을 다니는 친구들에 비해 시간을 유연하게 사용할 수 있었다.

　대부분의 친구들이 운동을 좋아했기 때문에 같이 운동을 할 수 있는 친구가 많았다. 매일 함께 운동하는 친구가 달라지더라도 거의 일주일 내내 같이 운동할 수 있는 친구가 있었다. 그러다 보니 한강에서 운동을 할 때에도 혼자서 운동하는 경우가 생각보다 적었다.

　한강에 나갈 때는 운동하려는 시간이 나와 맞는 친구가 집으로 왔다. 친구는 집에 와서 내가 휠체어를 탄 채로 계단을 내려가는 것을 도와줬다. 그리고 같이 한강에서 운동을 했다. 운동이 끝나면 다시 집 앞으로 와서 휠체어를 계단 위로 올려 주고 심지어는 집 안에 들어와서 더러워진 휠체어 바퀴를 물티슈로 닦아 줬다. 친구들은 나와 같이 외출을 할 때 나를 다시 집으로 데려다주는 것을 무엇보다 항상 최우선으로 생각했다.

친구들과 함께 시간을 보내면 마음이 편안하고 든든했다. 내 곁에 어디에나 친구들이 있다는 것은 정말 큰 행운이었다. 친구들이 아직 취업을 하지 않아서 얼마나 다행이었는지….

한강에 나가서 휠체어를 처음 밀었을 때는 30m도 앞으로 나아가지 못했다. 30m 정도를 밀면 팔이 지치고 힘들어서 잠깐의 휴식 시간이 필요했다. 팔로만 휠체어 바퀴를 미는 것은 생각보다 많은 체력이 필요했다. 처음에는 휠체어를 미는 방법이 익숙지 않아 어깨 힘으로 밀다 보니 금방 어깨에 통증이 오곤 했다. 그래도 어떻게 해서든 혼자서 휠체어를 밀 수 있는 거리를 늘려야 했다.

목표는 10km. 매일 저녁 한강에 나가서 3시간씩 휠체어를 밀었다. 자유롭게 한강을 뛰어다니는 사람들이 너무 부러웠다. 다치기 전에는 스트레스를 받을 때마다 한강에 나가서 뛰곤 했다. 숨이 턱에 찰 때까지 속력을 내어 달리고 땀을 비 오듯 흘리면 정신이 맑아졌다. 그리고 집에 들어가서 샤워를 하면 웬만한 스트레스는 거짓말처럼 사라졌다. 그런데 지금 나는 아무리 격하게 운동을 해도 몸에서 땀이 전혀 나지 않는다. 중추신경계가 손상되면 체온을 조절하는 기능이 저하되기 때문에 어쩔 수 없었다. 마음껏 흘렸던 땀마저 그리워졌다. 이렇게 마음이 싱숭생숭할 때면 마음속으로 되뇌었다.

'다시 일어서서 뛰면 되지. 곧 일어날 거니까.'

그래도 한강에 나가는 것만으로도 충분히 상쾌했다. 잔잔한 강물이 흐르는 길을 따라 운동하면 내 마음도 평화로워졌다. 자연을 느끼며 휠체어를 미는 것만으로도 감사했다.

두 달 정도가 지나니 서서히 내 몸에 맞게 휠체어를 밀 수 있는 방법을 터득할 수 있었다. 가슴과 팔, 어깨 그리고 상체의 리듬을 같이 이용해서 미는 힘을 분산시켰다. 지치지 않게

호흡하는 법과 체력을 안배하는 법도 익혔다. 그러자 휠체어를 밀 수 있는 거리가 늘어갔다.

그렇게 2년 이상을, 비나 눈이 오지 않거나 영하 5도 밑으로 떨어지지 않으면 온몸에 핫팩을 붙이고 한강에 나가서 휠체어를 밀었다. 500m, 1km, 2km…. 혼자서 갈 수 있는 거리가 늘어날 때마다 작은 성공 경험을 차곡차곡 쌓으며 자신감을 얻어갔다.

어느 날, 혼자서 내가 어디까지 갈 수 있는지 궁금해졌다. 내가 힘이 빠질 때까지, 밀 수 있을 때까지 가 보기로 마음먹었다. 이촌 한강시민 공원에서 출발해서 서쪽으로 달렸다. 한강대교, 원효대교, 마포대교, 서강대교, 양화대교를 지나 성산대교를 지났다. 동행인도 없고 지켜봐 주는 사람도 없었기 때문에 중간에 돌아가고 싶은 마음이 굴뚝같았지만 내 자신의 한계를 뛰어넘고 싶었다. 다리를 지나갈 때마다 의지를 더 불태웠다.

'다리 하나만 더 지나가자.'

어느덧 밤 9시가 되었다. 3시간을 넘게 쉬지 않고 달리니 난지도 한강공원에 있는 캠핑장에 도착했다. 물을 한 모금 들이켰다. 여름이었지만 선선한 바람에 내 머리칼이 휘날렸다. 마치 높은 산을 정복한 등산가처럼 도착한 순간을 기억하고 싶었다. 큰 숨을 들이마시며 주변 공기와 그 분위기를 오롯이 느꼈다.

출발 지점부터 도착한 지점까지의 거리를 계산해 보니 11km가 넘는 구간이었다.

'아, 이제 내가 우리 집에서 11km 떨어진 곳에 혼자 놓이게 되더라도 집에는 갈 수 있겠구나.'

그날 나는 나를 뛰어넘었다.

실전 연습

새벽 1시쯤, 혼자 샤워를 하고 방으로 들어왔다. 방문을 열자 자신의 몸을 돌돌 말고 누워 있는 하얀 작은 곰 인형 같은 기억이가 보였다. 인기척도 느끼지 못한 채 곤히 잠들어 있는 모습이 너무 귀여웠다. 들릴 듯 말 듯 하게 코를 골고 있는데 마치 사람이 잘 때 나는 코골이 소리와도 비슷했다. 하얗고 복슬복슬한 기억이의 털을 만지고 싶어졌다.

평소 휠체어에 앉아 있을 때, 앞에 떨어져 있는 물건을 집기 위해서는 한 손으로 휠체어를 잡아서 몸을 지탱하고 다른 한 손으로 팔을 뻗어서 물건을 잡아야 한다. 그래야 휠체어에서 몸이 떨어질 확률을 낮출 수 있다. 휠체어 생활을 하면서 정말 다양한 이유로 다양한 상황에서 바닥으로 넘어져 봤기 때문에 평소에도 낙상사고에 대한 경계심을 매 순간 가지고 있을 수밖에 없었다.

그런데 눈앞에 누워 있는 귀여운 기억이를 보자마자 순

간 방심하고 말았다. 마음이 무장해제가 되어 버린 나는, 나도 모르게 휠체어에 앉은 상태로 몸을 앞으로 숙여서 팔을 뻗었다. 문제는 다른 한 손으로 휠체어를 지탱하지 않았다는 것이다. 팔을 뻗자마자 무게 중심이 앞쪽으로 쏠리게 되어 그대로 앞으로 고꾸라졌다. '쿵' 하는 소리와 함께 내 몸이 바닥과 부딪히는 소리를 들은 기억이는 깜짝 놀라 두 눈을 번쩍 뜨더니 나와 눈이 마주쳤다. 나는 실오라기 하나 걸치지 않고 몸에 물기조차 마르지 않은 상태로 기억이 옆에 나란히 누워 있게 되었다.

기억이는 잠이 깼는지 눈이 초롱초롱해져서는 바닥에 몸이 구겨져 있는 내게 다가왔다. 그리고 꼬리를 흔들며 내 볼을 핥기 시작했다. 기억이는 평소 휠체어에 앉아 있는 나를 항상 고개를 들어 올려만 보다가 지금은 자신의 눈높이와 맞는 바닥에 내가 누워 있어서 그런지 기분이 좋아 보였다.

"기억아, 지금 웃고 있을 때가 아니야."

마비된 몸이 정말 위험할 수 있는 것은 아무리 세게 넘어서도 통증을 전혀 느낄 수 없다는 것이다. 어느 부위가 얼마나 크게 다쳤는지 전혀 알 수가 없다. 그저 내가 어떻게 넘어졌는지 복기해 보고 넘어진 몸의 형태를 살핀 뒤 몸 상태를 가늠해 보는 정도일 뿐. 넘어진 내 몸의 다리 쪽을 보니 다행히도 발목이 꺾여서 넘어지거나 골반이 뒤틀린 채로 넘어진 것은 아닌 것처럼 보였다.

사실 '쿵' 하고 소리가 났을 때 가장 걱정했던 부분은 넘어져 있는 내 몸이 아니었다. '부모님이 내 몸이 방바닥과 부딪힌 소리를 들으셨는가'였다. 기억이가 내 볼을 핥고 있는 순간에도 나는 숨을 죽이고 귀를 쫑긋 세웠다. 거실 너머의 안방 문이 열리는 소리가 나는지 집중했다. 안방까지는 소리가 닿지 않았는지 다행히 안방 문은 열리지 않았다. 내가 이렇게 쓰러져 있는 모습을 부모님이 봤다면 아마도 우리 집 비상사태가 발령되었을지도 모른다. 특히, 어머니가 심각하게 걱정하시는 모습을 보는 것은 죄송스러우면서도 참아내기가 어려웠다. 차라리 다친 모습을 보여 주지 않는 것이 훨씬 마음이 편했다.

　　이전까지는 다행히 항상 주위에 누군가가 있을 때만 넘어졌었다. 그래서 어떤 방식이든 도움을 받아서 휠체어 의자에 앉을 수 있었다. 그러나 지금은 오로지 나 혼자의 힘으로만 휠체이에 올리기야 히는 상황이었다.

　　이런 순간이 내게 꼭 필요했다. 그 누구도 없이 나 혼자서 극복해야 하는 상황. 연습하기 위해서 억지로 만든 상황이 아니라, 예상치 못한 순간에 일어난 위험한 상황이어야 했다. 그 속에서 당황하고 긴장을 할 수밖에 없는 순간이 내게 필요했다. 앞으로 살아가면서 위험한 사고는 언제든지 충분히 일어날 수 있기 때문에 바로 지금이 실전 연습을 할 수 있는 좋은 기회였다.

목표는 혼자서 침대 위로 올라가는 것이었다. 나는 일단 누워 있는 상태로 휠체어에 걸려 있던 수건으로 몸에 있는 물기를 닦았다. 맨몸이 바닥에 쓸리면 상처가 날 수 있기 때문에 침대 위에 있는 팬티를 집어 입었다. 침대에 올라가기 위해서는 두 발이 바닥에서 미끄러지지 않고 몸을 잘 지탱해 줘야 한다. 그래서 밑창이 고무로 된 실내화도 신었다. 팬티만 입은 상태에서 신발을 신고 있는 우스꽝스러운 모습이었지만 지금 내게는 생존이 달린 중요한 상황이었다.

먼저 침대 옆에 '아빠 다리' 자세를 만들어서 앉았다. 그리고 두 무릎을 가슴 쪽으로 모았다. 두 발은 바닥 위에 올려놓았다. 한 손은 침대를 짚고 다른 한 손은 주먹을 쥐어서 바닥을 짚었다. 고개를 앞으로 최대한 숙인 뒤에 주먹으로 바닥을 힘껏 밀어서 엉덩이를 침대 매트리스 위에 올리면 되는 것이었다.

팔의 힘, 균형감각, 자세 어느 것 하나 연습이 제대로 되어 있지 않았기 때문에 계속 넘어졌다. 옆으로 넘어지고 손이 미끄러져서 넘어지기도 했다. 계속되는 실패 끝에 균형을 잘 잡고 엉덩이를 힘차게 들었지만 곧 앞으로 고꾸라졌다. 1시간이 넘는 사투를 벌였다. 올라갈 수 있는 가능성이 보이지 않자 힘이 쫙 빠져서 그대로 누워 버렸다. 나를 옆에서 계속 응원하던 기억이도 지쳤는지 그저 턱을 바닥에 괴고 있었다.

여기서 그만두면 영원히 바닥에 있어야 한다고 생각하니

절대 포기할 수 없었다. 호흡을 가다듬고 다시 도전했다. 계속 실패를 하다 보니 몸에 맞는 요령이 점점 생기고 있었다. 2시간 정도가 지났을까. 이제 정말 될 것같이 느껴졌다.

'살기 위해 올라가는 거야.'

나는 주먹으로 있는 힘껏 바닥을 밀었다. 고개가 바닥으로 잘 숙여졌고 엉덩이는 높이 날아올라 매트리스에 겨우 걸터앉게 되었다.

"기억아! 됐다! 형 살았다!"

새벽 3시가 되어서야 드디어 침대에 올라왔다. 거친 숨을 내쉬며 침대에 편히 대자로 누웠다. 기억이도 내 환호 소리에 좋았는지 덩달아 침대 위에 올라와서 내 다리를 핥기 시작했다.

극한의 상황 속에 놓였지만 연습이라고 생각하니 마음이 편했다. 이미 일어난 일에는 아무리 후회를 한들 감정 소비 그 이상이 될 수 없다. 후회가 현실을 변화시킬 수는 없으니까.

어느 날 갑자기 내 앞에 닥친 위기의 상황을 앞으로 생길 수도 있는 위기에 대한 실전 연습이라고 생각해 보면 어떨까. 위기의 상황에 정면으로 맞서서 싸운다면 실패하더라도 그 경험은 나를 분명 성장시킬 것이다.

기억이

제가 강아지를 키우기 전에는 사람들이 강아지를
너무 과하게 돌본다는 생각을 많이 했었어요.
그런데 제가 기억이와 같이 살아 보니
기억이가 '강아지'라는 생각이 잘 들지 않아요.
이제는 그냥 제 '동생'이죠.

기억이는 지금도 제 발밑에 딱 붙어 있어요.
기억이는 하루 종일 제 옆을 지켜 주죠.
가끔 제 다리가 움직이지 않는 사실을 아는 듯
제 다리와 발을 엄청나게 핥아 줍니다.

기억이는 에너지가 넘치는 아이예요.
기억이의 엄마, 아빠는 분명
경주견일 것이라는 추측을 할 정도죠.
제 옆에 하루 종일 누워 있는 기억이한테
미안한 마음이 많이 들기도 합니다.
그럴 때마다 제가 기억이한테 하는 말이 있어요.
"기억아, 조만간 꼭 형이랑 한강 같이 뛰자!"
그러면 기억이는 뭔가 알아듣는 듯한 표정을 지어요.

저는 오늘도 기억이랑 같이 뛰면서 산책하는
그날을 소망합니다.
그리고 반드시 이루어질 거라 믿어요!

여러분도 지금 소망하는 마음 절대 포기하지 마세요!

통증, 구원의 신호

휠체어 생활을 하다 보면 넘어지거나 상처가 생기는 일이 허다하다. 특히 휠체어를 밀면 손바닥 피부가 벗겨지기도 한다. 그런데 정말 신기한 것은 상처 부위에 피를 흘리고 있어도 아픔을 느끼지 못한다는 점이다.

어느 날, 한강에서 친구와 함께 운동을 하고 있었는데 갑자기 옆에 있는 친구가 내게 놀란 표정으로 말했다.

"너 팔이 다 까졌어! 지금 피가 흐르고 있는데 안 아파!? 엄청 쓰라릴 것 같은데…."

"야, 나는 무적이야, 고통이 전혀 느껴지지 않아."

나는 익살스럽게 너스레를 떨었다. 친구는 이런 나의 반응에 황당하다 못해 어이없다는 듯한 웃음을 보였다. 피부가 벗겨진 상처를 보는 것만으로도 쓰라림을 느낄 것 같은데 전혀 아프지 않았다. 피부에 난 상처는 시간이 지나면 어차피 회복이 되고 재생이 되니 아픔을 느끼지 않는 것이 오히려 좋다는 생각도 들었다.

친구가 우리 집 앞까지 데려다줬다. 그런데 조수석 의자에서 휠체어로 옮겨 앉는 도중 '쿵' 하고 부딪히는 둔탁한 소리가 났다. 엉덩이가 휠체어 방석 위에 잘 안착해야 하는데 엉덩이 꼬리뼈가 휠체어 팔걸이에 걸렸던 것이다. 그 순간 중심을 잃어서 고꾸라질 뻔했지만 다행히 팔로 잘 버텨서 중심을 잡고 무사히 방석에 앉았다.

부딪혔던 소리가 꽤 컸지만 통증을 전혀 느낄 수 없었다. 아픔을 느끼지 못하기 때문에 눈에 보이지 않는 상처 부위는 상처의 깊이나 정도가 가늠조차 되지 않았다. 그래서 다쳤을 것이라고 예상되는 부위를 누군가가 대신 눈으로 직접 확인해야 했다. 확인하지 않고 지나간다면 자칫 그 상처가 욕창이 되어 모든 일상을 멈춰 버릴 수도 있었다.

그런데 확인하는 것을 잊어버리고 말았다. 그리고 며칠이 흘렀을까. 갑자기 샤워를 하는데 얼마 전 휠체어에 꼬리뼈 부분을 부딪혔던 기억이 났다. 대충 계산해 봐도 2주는 족히 더 넘었을 거라 생각하니 가슴이 두근거리기 시작했다. 불안감이 엄습했다. 찝찝한 마음에 샤워를 하고 나와서 침대에 누웠다. 어머니한테 등을 돌려 꼬리뼈를 보였다.

"위야, 아무래도 여기 색이 너무 안 좋아. 이미 상처 난 지 꽤 시간이 지난 것 같아. 상처에 진물도 나고 좀 심각해 보인다. 내일 병원에 가 봐야겠다."

어머니는 핸드폰으로 꼬리뼈 사진을 찍어서 보여 주셨다. 사진을 보자마자 뭔가 잘못되었다는 것이 느껴졌다. 나는 바로 인터넷에 '욕창'을 검색해서 내 꼬리뼈 사진과 비교했다. 내 꼬리뼈에 생긴 상처는 벌써 욕창 4단계 중 3단계까지 진행이 된 상황이었다.

다음 날 병원에서 의사 선생님은 내게 이 지경이 될 때까지 왜 병원에 오지 않고 아무런 조치를 취하지 않았냐고 핀잔을 줬다.

"조금만 더 심해졌으면 수술로 치료를 할 수밖에 없었을 겁니다. 오늘 이 시간 이후로 집에 가서 절대로 휠체어에 앉지도 말고 무조건 엎드려 있으세요. 욕창이 나을 때까지는 욕창 부위가 압박이 되어서는 안 됩니다."

"선생님, 다 나으려면 얼마나 걸릴까요?"

"최소 두 달 이상 걸릴 것 같네요."

후회하기에는 너무 늦어 버렸다. 2년 전, 그날이 떠올랐다.

"욕창을 조심하세요. 욕창 생기면 아무것도 못 합니다. 욕창 우습게 보다가 심한 경우 큰 수술을 해야 할 수도 있어요."

중환자실에서 일반병실로 갓 이동했을 때, 의사 선생님은 회진 시간에 척수손상환자가 주의해야 할 점들을 자주 언급했다. 그중 '욕창'을 조심해야 한다는 말이 가장 또렷하게 들렸다. 발음할 때 어감이 별로이기도 하면서 왠지 모르게 거슬리는 단어였다. 욕창이 대체 무엇이길래 어떻게 조심해야 한다는 것인지 잘 와닿지 않았다.

일반적으로 사람들은 누워 있을 때 몸의 불편함을 느끼면 무의식적으로 뒤척거리기 때문에 몸의 특정 부위에 압박을 지속적으로 가할 일이 없다. 그러나 몸이 마비된 사람들의 마비된 부위에는 감각이 없다. 같은 자세로 아무리 오랫동안 누워 있어도 몸의 불편함을 느끼기 어렵다. 그래서 딱딱한 곳에 누워서 꼬리뼈와 같이 뼈가 튀어나온 부위에 계속 압박이 가해진다면 피부가 괴사될 확률이 높아진다. 이때 피부조직이 괴사되는 것을 욕창이라고 한다. 불과 몇십 년 전만 해도 척수손상 환자들이 욕창 때문에 많이 죽었다고 한다. 피부가 괴사되어 염증이 뼈나 근육에 퍼지게 되면 패혈증으로 사망하는 것이다.

전신마비 환자들이 누워 있을 때 욕창이 가장 많이 발생하는 부위는 꼬리뼈 부분이다. 그래서 꼬리뼈에 압박을 주지 않기 위해 최소 2시간에 한 번씩, 왼쪽과 오른쪽으로 번갈아 가며 다리 사이에 베개를 끼고 옆으로 누워 있어야 했다.

회진 시간에 의사 선생님이 내 바지를 살짝 내려 꼬리뼈 부분을 보더니 말했다.

"욕창이 생겼네…. 욕창이 완전히 나을 때까지 휠체어에도 절대 앉지 말고 절대 꼬리뼈가 침대에 닿지 않은 상태로 누워 있으세요."

"저 얼마나 누워 있어야 하죠?"

"2주 정도는 누워 있어야 할 거예요."

"네!? 2주나요? 지금 제 상태가 어떤 정도인데요?"

"지금 부위가 빨간데 이 부위가 다시 살색으로 돌아올 때까지 누워 있어야 해요."

욕창이 생긴 부위는 고작 500원짜리 동전만 한 크기에 그냥 빨간 정도인데 무려 2주 동안이나 일자로 누울 수도 없고 옆으로 누워 있어야 하다니…. 허탈했다. 상식적으로 이런 상황이 이해가 되지 않았다. 어처구니가 없었다. 내가 만약 다치지 않았다면 억지로라도 욕창을 몸에 만들고 싶어도 만들기 어려웠을 텐데….

약이나 연고로는 치료할 수 없고 빨개진 부위를 압박하지 않는 것이 유일한 치료방법이었다. 회진 시간 이후로 나는 등을 기대고 눕지 않았다. 계속 옆을 바라보며 누웠다. 잠을 잘 때도 2시간마다 체위를 변경했다. 그래서 재활도 전혀 할 수 없이 하루 종일 누워 있기만 했다.

빨간 부위는 2주가 지나자 원래의 피부색을 되찾았다.

아파도 불편함을 느낄 수 없으니 앞으로는 욕창이 생기지 않도록 미리 예방하는 방법 말고는 선택의 여지가 없었다.

그때 엄청 고생한 뒤로 다시는 죽을 때까지 욕창을 걸리지 않겠다는 다짐을 했는데, 지금은 2년 전에 겪었던 욕창보다 비교할 수 없을 정도로 심각한 상황이었다. 2년 전 그때처럼 침대에서만 생활을 하게 되었다. 상처가 워낙 깊숙해서 물도 닿아선 안 된다고 했다. 대변도 침대 위에서 해결하고 부모님이 다 치워야 했다. 옆으로 누워 있는 상태로 밥을 먹었다.

500원짜리만 한 작은 상처가 나의 시간을 멈추었다.

맨정신으로 두 달이라는 시간을 침대에서만 보내야 한다는 것이 너무나 고통스러웠다. 하지만 그 기나긴 시간을 인내하면서 고통에 대한 새로운 관점이 생겼다.

이전에 나는 마비된 부위에 통증을 느끼지 않아서 오히려 괜찮다고 생각했다. 어차피 회복될 부위라면, 아픔이 치유되는 과정 속에서의 통증은 무의미하다고도 생각했다. 그러나 상처가 생긴 부위의 통증을 느낌으로써 그 통증이 내 몸을 보호해 주고 있다는 사실을 깨달았다. 사람들이 만약 통증을 느끼지 못한다면 지금의 나처럼 욕창이 생겨도 알 수 없다. 그 욕창이 너무 심한 상황이라면 충분히 생명을 잃을 수도 있는 것이다.

인간의 몸에서 느껴지는 고통은 그 사람의 생명을 살리고자 하는 구원의 신호다. 우리는 오늘도 고통을 느낄 수 있음에 감사해야 한다.

스스로 좌약 넣기

척수신경이 손상된 이후에 최대의 하이라이트는 침대 위에 누운 채로 대변을 해결해야 한다는 점이었다. 다 큰 스물여덟 살 성인 남자가 스스로 대변을 볼 수 없게 되었다는 사실, 심지어 누군가에게 뒤처리마저 맡길 수밖에 없게 된 현실을 받아들이는 것은 결코 쉬운 일이 아니었다.

입원 후 초반에는 병동의 여자 간호사가 장갑을 끼고 손가락으로 좌약을 항문에 직접 넣어 주었다. 아무리 의료인이라고 할지라도 성별이 다른 사람에게 정신이 멀쩡한 상태로 홀딱 벗고 있는 뒷모습을 다 드러낼 때 느껴지는 수치심은 말로 다 형용하기 어려웠다.

스스로 할 수 없음으로 인해 어쩔 수 없이 도움을 받아야 하는 일들은 가끔씩 나의 자존심마저 보기 좋게 짓눌러 버렸다. 전신마비가 되어 병실에 누워 있을 때는 남자도 여자도 아닌 그저 '환자'일 뿐이었다. 그래도 살아가기 위해서는 반드시 겪어나가야 했다.

얼마 후부터는 아버지와 지우가 간호사들이 해주던 그 일을 맡아서 해주었다. 이틀에 한 번꼴로 누워서 거사를 치르는 과정은 매번 전쟁과도 같았다. 침대에 패드를 깔고 옆으로 누운 채 좌약을 넣고 배의 신호가 올 때까지 기다려야 했는데 거의 두 시간에서 세 시간은 기본으로 기다려야 했다. 그러다 배에 신호가 오면, 너무나 기다렸던 그분(?)들이 약 한 시간 동안 줄지어 세상으로 나오셨다. 패드 위에 가지런히 놓인 그분들의 모양과 형태로 장의 건강을 예측할 수 있었기 때문에 나를 간병했던 아버지와 지우는 그분들의 모양이 좋으면 진심으로 손뼉을 치며 기뻐했다. 그럼 나도 덩달아 웃었다.

만약 내가 아버지와 지우의 입장이었다면 비위가 약한 나로서는 뒤처리를 할 때 분명히 많이 힘들었을 것이다. 그러나 아버지와 지우는 내가 미안해할까 봐 단 한 번도 불평이나 불만을 표현한 적이 없었다. 감사했다. 아니, 너무나 죄송스러웠다. 특히 아버지께.

28년 동안 아버지께 아무것도 해드린 것 없이 늘 받기만 했는데 이제는 검은 머리보다 흰머리가 많아져 버린 아버지가 직접 내 대변을 받아내도록 만든 나 자신이 너무 싫었다. 그리고 불효자식이 되어 버린 것만 같은 죄책감도 떨쳐낼 수 없었다.

그저 또래의 친구들처럼 회사에 취직해서 돈을 벌어 아버지 여행도 보내 드리고 용돈도 드리면서 평범하게 살고 싶었다. 그러나 아무것도 할 수 없는 것이 서글픈 현실이었다. 나는 그렇게 스물여덟 살짜리 애기가 되어 버렸다.

퇴원을 하고도 거의 2년 정도는 가족에 의지해서 좌약을 넣었다. 하지만 좌약을 스스로 넣지 못한다면 독립적인 생활을 할 수 없다는 것을 알았기에 반드시 혼자서 성공해야 한다는 의지를 불태웠다.

연습 첫 날, 혼자서 패드를 깔고 옆으로 누워 장갑을 끼고 검지손가락에 젤을 바른 다음 좌약을 집어 항문을 찾기 시작했다. 그러나 항문 쪽 감각이 온전하지 않은 상태로 좌약을 넣는 것은 마치 눈을 감고 화살을 쏘아 과녁에 맞히는 것처럼 불가능해 보였다. 더군다나 손가락 힘이 약해 좌약을 떨어뜨리기도 했고 너무 오랫동안 항문을 찾지 못해 좌약이 녹아 버리기도 했다. 흘깃 연신 지켜보시던 어머니는 30분이 넘도록 자꾸만 실패하는 내가 너무 안쓰러워 보였는지 참다못해 말씀하셨다.

"위야, 그냥 엄마가 도와줄게."

"엄마, 제발 저리 가. 내가 독립적으로 살아야 할 것 아니야? 제발 내가 혼자 할 수 있게 내버려 둬. 방에서 문 닫고 나가 줘."

실패할 때마다 너무 화가 나서 "으악!" 소리도 지르고 감정이 제어되지 않아 혼자 씩씩거리기도 했지만 절대 포기하지 않았다. 수많은 실패를 거듭하고 좌약을 수십 개쯤 버렸을까. 마침내 손가락에 있던 좌약이 쏙 들어갔다.

"와! 엄마 나 해냈어! 나 이제 혼자 할 수 있어!!"

어머니는 기다렸다는 듯이 방문을 열고 들어와 환하게 웃으며 내 눈을 바라보셨다.

좌약을 스스로 넣었을 때 나는 앞으로 그 누구의 도움 없이도 살 수 있다는 자신감과 용기를 얻게 되었다. 독립적으로 삶을 살아갈 수 있다는 희망은 나를 다시 어른으로 만들어 주었다.

저는 고난을 극복하지 않았어요

많은 분들이 제게 질문해요.
"진짜 많이 힘드실 때는 어떻게 이겨내세요?"

눈앞에 닥친 고난과 아픔은
마치 우리의 인생을 삼킬 것만 같은 착각을 주죠.
행복을 느낄 수 있는 마음의 여유조차
빼앗긴 것 같은 느낌이랄까요.

저는 고난을 극복하지 않았어요.
고난 속에서 기쁨을 찾아 느끼는 중이죠.
저는 힘든 순간들이 잘 기억나지 않아요.
제 인생에는 행복한 순간들이 훨씬 더 많기 때문이에요.

오늘도 우리 같이 일어나요!

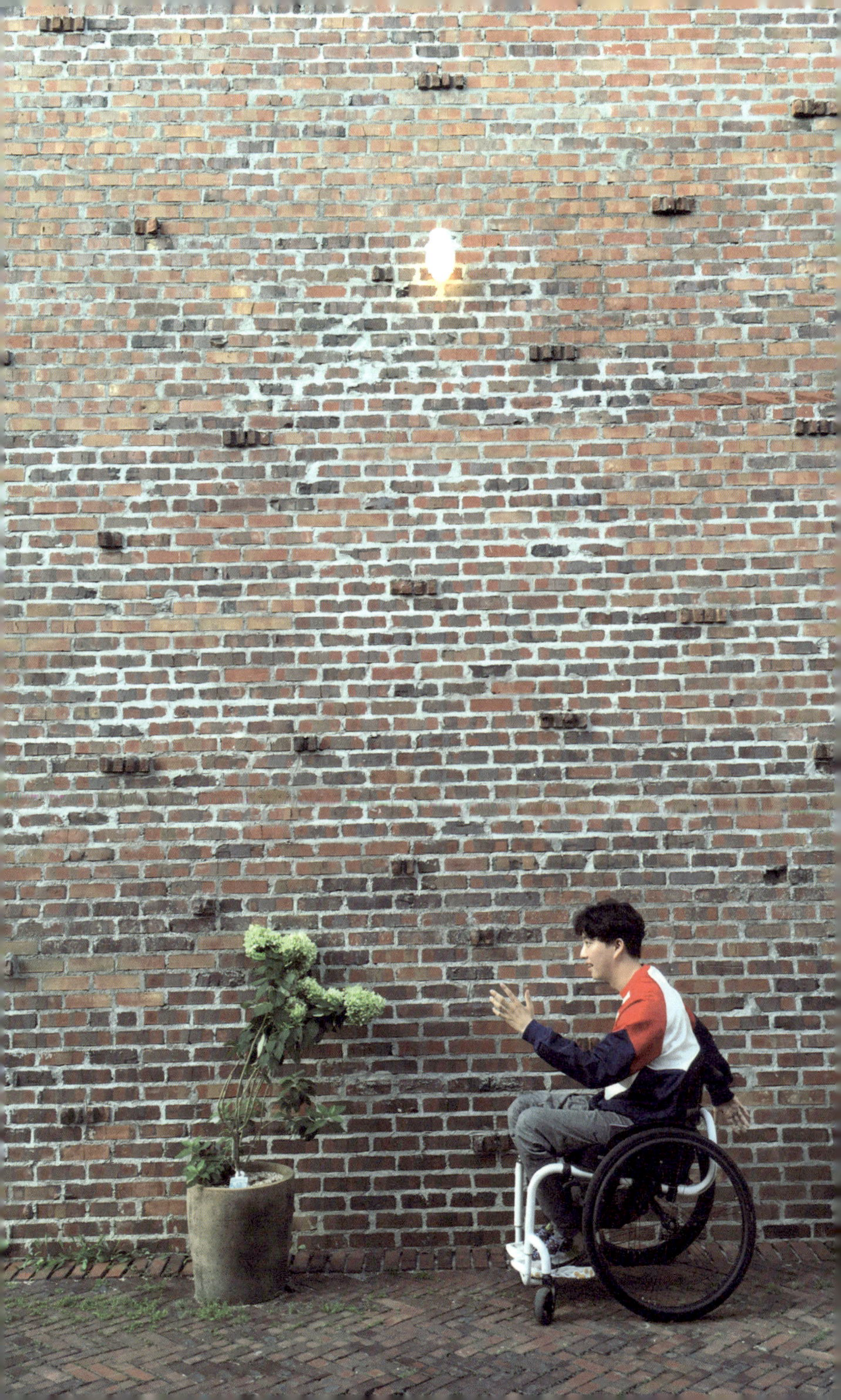

젓가락으로 먹는 라면

6월이 되면 저녁에 밖을 자주 나설 수밖에 없다. 1년 중 가장 쾌적한 공기를 맛볼 수 있기 때문이다. 특히 해가 질 무렵, 야외 테라스에 앉아서 덥지도 춥지도 않은 적당한 선선한 바람을 맞으면 혼자 유럽 배낭여행을 했을 때 느꼈던 자유가 찾아오곤 했다.

우리 동네 동작대교 다리 밑 주차장에는 저녁시간이 되면 불그스름한 천막이 펴진다. 일명 신동아 포장마차는 이촌동 주민이라면 절대 모를 수 없는 동네 명소다. 예전에 자주 갔던 곳인데 휠체어를 타게 된 뒤로는 한 번도 가 보지 못했다. 6월이 되니 야외 테이블에 앉아서 라면을 먹고 싶어졌다. 그래서 내 감성을 충족시켜 줄 수 있는 최적의 장소인 신동아 포장마차로 친구들과 향했다.

"사장님, 라면 하나랑 닭똥집 하나 주세요."

그런데 갑자기 머릿속으로 하나의 생각이 스쳤다.

'아, 포크가 없으면 어떡하지?'

그 포장마차에는 포크가 없었다. 접이식 파란색 테이블 위에 놓인 일회용 나무젓가락이 보였다.

'일회용 젓가락 정도는 손으로 들 수 있지 않을까? 그래, 오늘 도전해 보자!'

두 손을 펴서 손바닥으로 종이 포장이 되어 있는 젓가락을 잡고 송곳니를 이용해서 포장지 윗부분을 뜯었다. 그렇게 꺼낸 젓가락을 굳이 두 쪽으로 떼어내지는 않았다. 왼손으로 젓가락을 쥐고 준비를 마치자 포장마차에서 사용하는 특유의 초록색 플라스틱 그릇에 라면이 담겨 나왔다.

영화 〈내부자들〉을 보면 배우 이병헌이 불구가 된 한쪽 손에 의수를 착용하고 있어 나머지 한 손으로 라면을 먹는 장면이 나온다. 일반적인 젓가락질이 아니라 한 손으로 나무젓가락을 쥐고 그 젓가락에 라면 면발을 걸쳐서 입에 넣는 장면이다. 나 역시 그 영화의 한 장면처럼 나무젓가락을 왼손으로 쥐고 라면을 젓가락에 걸치고는 그대로 입으로 가져갔다. 라면이 입안에 잘 도착할 때까지 왼손에 최대한 악력을 강하게 주어 젓가락을 놓치지 않으려고 노력했다. 다행히 라면을 젓가락에서 떨어뜨리지 않고 크게 벌린 내 입으로 무사히 집어넣을 수 있었다. 뜨거운 김이 솔솔 나는 면발을 후후 불어가며 한 입, 두 입 먹기 시작했다.

그날 저녁, 입안에서 느꼈던 면발의 쫄깃함과 라면의 맛을

3. 의지와 좌절 사이에서

아직까지도 잊지 못한다. 잘 끓인 라면이어서 맛있는 것이 아니라 사고 이후 처음으로 내 손을 사용해 젓가락으로 먹은 라면이었기 때문이다. 내가 손이 마비가 되지 않았더라면 젓가락으로 먹는 라면의 행복을 느낄 수 있었을까?

여태껏 왜 알지 못했을까? 행복은 내가 선택할 수 있고 찾을 수도 있다는 것을….

할머니의 기도

새벽에 목이 말라 잠에서 깼다. 주방에 가까워질수록 말하는 소리가 점점 크게 들렸다. 주방에서 가까운 할머니 방에서 빛이 새어 나왔다. 방문 가까이 가서 귀를 기울여 보니 할머니의 기도 소리였다. 할머니의 하루는 이른 새벽 기도로 시작되었다.

"위야, 할머니는 항상 아침마다 가족들을 위해서 기도한단다. 위, 지우 기도부터 시작해서 느그 엄마, 아빠 그리고 느그 외갓집 식구들 기도를 하루도 빠짐없이 매일 한단다."

할머니가 매일 기도해 주고 계신다는 사실만으로도 마치 내 몸 주변에 보호막이 생긴 것처럼 든든했다.

고등학생의 등교 시간은 7시 30분. 적어도 6시 30분에는 일어나서 준비해야 했다. 평소에 아침잠이 유난히 많은 나는 알람시계를 2분 단위로 10번 정도는 맞춰 놓고 잤다. 겨울에는 해가 뜨기도 전에 부엌에서 분주하게 밥 짓는 소리가 희미하게 항상 들려왔다. 알람 소리를 듣고도 내가 스스로 일어나지 않을 때면 할머니가 항상 나를 깨워 주셨다.

"위야, 밥 먹어야지!"

"할머니 5분만 누워 있을게요."

그렇게 잠에 취해서 5분만, 5분만을 맥없이 반복하다가 결국 시간이 촉박해진 후에야 눈을 번쩍 떴다. 그러고는 벌떡 일어나서 곧장 샤워를 하기 위해 화장실로 향했다. 할머니는 아침잠을 이기지 못하는 건장한 까까머리 남자 고등학생을 매일 일으키셔야 했다.

아침에는 항상 꽉 찬 밥 한 공기와 국이 기본 메뉴로 식탁에 올라와 있었다.

"할머니, 저한테는 밥이 너무 많아요. 저는 아침에 밥이 잘 안 들어가요. 그냥 간단하게 우유에 시리얼 말아먹어도 좋아요. 빵에 잼 발라 먹는 것도 좋고."

"한국 사람은 밥을 먹어야 돼. 밥을 국이랑 같이 먹어야 든든하지. 공부하려면 배고프니까 빵으로는 안 돼."

밥을 다 먹은 후에는 각종 채소와 과일을 갈아서 만든 주스도 준비되어 있었다. 그럼 나는 배가 불러도 주스를 꼭 끝까지 다 마시고 학교로 향했다.

"할머니, 잘 먹었습니다!"

가끔 집에서 피자나 햄버거를 시켜 먹는 날에는 할머니가 꼭 내게 물으셨다.

"위야, 밥은 언제 먹을래?"

"할머니, 저한테는 피자나 햄버거도 밥이 돼요."

이런 대화가 오가고 나면 '밥 논쟁'이 펼쳐지곤 했다. '빵은 과연 밥이 될 수 있는가'에 대한 열띤 토론이 벌어졌다. 할머니는 사랑하는 손자가 영양가 있는 밥을 먹기를 원하셨을 것이다. 나는 그런 할머니의 깊은 마음을 알면서도 빵을 먹어도 충분히 밥이 된다는 것을 설득하고 싶었다. 한바탕 이야기를 주고받은 뒤에도 토론의 승자는 없었다.

이제 따로 나가서 사시게 된 할머니는 사고가 난 뒤로 나를 만나면 가장 먼저 내 손을 잡고 이곳저곳 눌러 보신다.

"위야, 손에 힘이 좀 들어가니? 손이 너무 말랐다."

"아이고 할머니, 저 지금 손이 많이많이 좋아졌어요. 저 젓가락질도 하고 혼자서 옷도 입어요. 걱정하지 마세요."

"위야, 할머니가 너 위해 새벽마다 매일 기도하는데 넌 꼭 일어날 거야. 걱정하지 마. 알겠지?"

"그럼요. 저 결혼식 때 일어나서 입장하는 거 할머니한테 꼭 보여 드릴 거예요. 그리고 증손주도 보셔야죠. 그러니까 할머니 건강하게 오래오래 사셔야 해요."

내가 살면서 봐왔던 사람들 중에 할머니는 그 누구보다 부지런하고 강인하며 관대한 분이었다. 할머니는 거의 매일 하루도 빠짐없이 약속을 잡고 분주히 돌아다니셨다. 버스로 가깝게 갈 수 있는 거리도 노인은 무료라면서 꼭 지하철 타기를 고집하셨다. 아무리 무거운 짐을 손에 들고 있어도 그러셨다. 그러나 집에 손님이 오면 할머니는 가장 최고의 것을 대접하려 하셨다. 당신에게는 엄격하지만 남을 위해서는 한없이 베풀던 우리 할머니….

요즘 할머니는 예전처럼 오래 걷지 못하신다. 쩌렁쩌렁했던 목소리도 많이 약해지셨다. 강인했던 할머니도 세월을 이기지 못했다. 그런 할머니를 보면 가슴이 너무 아프다. 나는 할머니한테 받기만 했는데 성인이 된 지금의 나는 할머니를 위해 해드릴 수 있는 게 없어서 속상하다.

어렸을 때 할머니한테 떵떵거리며 했던 말이 떠오른다.

"할머니, 나는 나중에 국가대표 축구선수가 꼭 될 거야. 그럼 돈 많이 벌어서 할머니한테 큰 교회를 지어 줄게. 할머니 교회에서 마음껏 기도할 수 있게."

나는 오늘도 할머니의 오랜 기도로 이겨내고 있다. 그 간절한 기도가 나를 살리고 있는 것이다.

휠체어 차에 싣기 연습

어느 날, 모르는 번호로 전화가 왔다.

"여보세요?"

"안녕하세요. 여기 숭실대학교 경영학과 사무실인데요. 박위 학생은 이미 5회 휴학을 했기 때문에 이번 학기를 등록하지 않으면 제적입니다."

4년 전 중환자실에서 집도의는 나에게 다시는 평생 일어날 수 없고 걸을 수 없을 것이라고 말했다. 그러나 그 말을 나는 믿지 않았다. 두세 달 정도면 다시 예전처럼 두 다리로 일어서서 뛰고 축구도 다시 할 수 있을 것이라고 생각했다. 그러나 나의 기대와는 다르게 내 몸이 재활되는 속도는 더디었고 시간은 야속하게 흘러만 갔다.

꾸준히 재활을 하며 생각했다. 지금의 나는 예전의 '나'가 아니고 불완전하기 때문에 예전의 온전했던 '나'로 다시 돌아가는 과정에 있는 거라고 생각하자고…. 그래서 복학하거나 사회생활을 다시 시작하게 될 시점을 '내가 예전처럼 완전히 회복되었을 때'로 정했다. 휠체어를 탄 상태로 예전의 일상적인 삶으로 돌아가는 것은 내 스스로에게 용납되지 않았다. 휠체어를 타고 있는 지금의 내 모습을 '나'로 인정하고 싶지 않았다. 지금은 단지 회복의 과정을 밟고 있는 것일 뿐이라고 생각하고, 내 인생을 정비하는 시간 정도로 여기고 싶었다.

어쩌면 내가 전신마비가 된 나의 모습을 받아들이지 못한 것일 수도 있다고 생각할지 모르겠지만, 나는 확고한 믿음이 있었다. 해가 바뀔 때마다 '올해는 일어나겠지' 생각하면서 다시 일어서는 그날을 매 순간 꿈꿨다. 그래서 시간이 계속 지나갈 때마다 1년만 더 지켜보자는 생각으로 복학을 미뤄 왔다. 그렇게 무려 4년이라는 세월이 지나가 버렸다. 병원에서 예상했던 것에 비하면 내 몸은 기대 이상으로 많이 회복되었지만 나의 두 다리는 아직도 아무런 움직임조차 나타내지 않았다.

그런데 졸업을 하기 위해서는 8학점이 모자란 상황이었다. 더군다나 학교 규정에 의해 더 이상 휴학도 할 수 없었고, 이 상황에서 학교로부터 제적당하지 않을 방법은 다시 복학하는 것뿐이었다. 마음의 준비가 되지 않았지만 다른 선택의 여지가 없었다.

첫 수업을 받으러 가기 전까지는 약 1주일 정도의 시간밖에 남지 않은 상황이었다. 생각지도 못했던 학교생활을, 그것도 휠체어를 탄 상태에서 다시 해야 한다고 생각하니 앞으로 다가올 온갖 문제들이 내 머릿속에서 뒤엉키기 시작했다. 그중 가장 먼저 해결해야 할 문제는 누군가의 도움 없이 혼자서 학교에 가는 것이었다. 학교에 혼자 다니기 위해서는 휠체어를 신속하게 분리해서 차에 싣고 내릴 수 있어야 했다.

사고 후에 다시 운전대를 잡고 2년 동안 무려 40,000km 이상 운전을 했다. 사람들은 그런 나를 보고서 우스갯소리로 "너는 웬만한 영업사원보다 운전을 많이 하는 거야"라고 말하며 혀를 내둘렀다. 그렇게 운전을 많이 했지만 휠체어를 차 안에 혼자 싣고 내릴 수는 없었다. 그 당시에는 운전하고 다닐 때 보통 동승자가 휠체어를 실어 주거나 운전석 옆에 놓아 주었다. 언젠가는 혼자서 휠체어를 분리해서 실을 수 있어야 한다고 생각은 했으나 나중에 천천히 연습하자는 생각이었다.

복학을 결심한 그날 오후, 집 앞 야외 주차장에서 운전석에 앉아 직접 휠체어를 분리해서 차에 싣고 내리는 연습을 시작했다.

운전석에 앉아서 휠체어를 분리하기 위해서는 휠체어 쪽으로 두 손을 뻗어야 했다. 그런데 연습을 시작하자마자 첫 번째 난관에 부딪혔다. 문 밖으로 두 손을 동시에 뻗으면 손을 뻗은 방향으로 몸이 앞으로 쏠려 금방이라도 차 밖으로 넘어질 것만 같았다. 그리고 배나 허리 힘이 너무 약했기 때문에 앉아서 허리를 앞으로 숙이면 혼자 상체를 다시 들어 올릴 수가 없었다. 안정적으로 두 손을 동시에 사용하기 위해서는 몸을 지탱할 수 있는 무언가가 필요했다. 고민을 하다가 운전석을 뒤로 뺀 뒤 왼쪽 어깨를 살짝 자동차 실내에 기대었다. 어깨에 몸을 지탱하니 두 손을 뻗을 수 있었다.

두 손을 사용할 수 있게 되었지만 곧 또 다른 난관이 다가왔다. 본체에서 바퀴를 분리하려면 바퀴 정중앙에 튀어나와 있는 버튼을 누르면서 바퀴를 빼내야 했다. 그러기 위해서는 그 버튼을 누르는 힘과 바퀴를 잡고 들어 올리기 위한 손의 악력이 필요했다. 그런데 내 손의 악력은 너무 약하고 손가락의 개별적인 힘이 부족했던 터라 바퀴의 버튼도 누르기 어려웠다. 그리고 본체와 바퀴를 분리하더라도 그것들을 운전석을 통해 차 안에 하나씩 넣는 것은 거의 불가능에 가깝게 느껴졌다.

휠체어를 가까스로 분리하여 차에 넣는 것을 수십 번 시도했지만 휠체어를 차에 넣기는커녕 휠체어를 분리하는 것조차 너무나 어려웠다. 아무리 해도 잘 안 되니까 짜증 나고 화가 나서 소리도 질렀다.

'손가락 힘이 조금만 더 세질 수 있다면…. 몸통에 힘이 조금만 더 생겨 나를 버틸 수 있다면….'

강한 의지로 어떻게든 해보려고 했으나 육체의 한계에 부딪혔다는 생각이 드는 순간, 좌절의 마음이 순식간에 파고들었다. 의지와 좌절 간의 치열한 전쟁이 시작되었다.

복학 신청은 이미 한 것이고 이대로 포기할 수는 없었기에 정신을 가다듬고 차분하게 방법을 모색했다. 그래서 유튜브에서 나의 몸 상태와 가장 비슷한 사람이 휠체어를 차에 싣고 넣는 영상을 검색했다. 다행히도 나와 얼추 비슷해 보이는 사람의 영상을 찾았고 그 영상에서 소개된 방법을 최대한 열심히 따라 했다. 바퀴를 분리하는 도중에 차에 흠집을 내기도 하고 휠체어 본체를 들어 올리려다가 약한 악력 때문에 놓치기도 여러 번, 그래도 포기하지 않고 끊임없이 반복해서 연습했다.

휠체어를 분리할 때마다 바뀌는 나의 몸 위치, 휠체어를 분리할 때 손을 사용하는 방법, 분리한 본체와 바퀴를 넣는 방법을 익혔다. 마지막으로는 분리된 본체와 바퀴가 운전석을 통해서 뒷좌석으로 들어갈 공간을 확보할 수 있는 자세를 찾았다.

몇 시간이 지나고 해가 저물어갈 때쯤 드디어 바퀴를 분리할 수 있게 되었다. 심지어 휠체어를 혼자 차 안에 넣는 데 성공했다.

"이야! 드디어 넣었다!"

나는 혼자서 환호성을 질렀다. 나의 의지가 좌절과의 전쟁에서 승리한 순간이었다. 정말 안 될 것만 같았는데 포기하고 싶은 마음을 참고 이겨낸 내 자신이 자랑스러웠다. 붉게 노을이 지고 있는 하늘이 너무 아름다웠다. 스스로 해냈다는 뿌듯함이 밀려와 흥분해서 바로 어머니와 영상통화를 했다.

"엄마! 나 혼자 휠체어 넣었어! 대박이지?"

"위야, 너 진짜 대단하다. 혼자서 해내다니. 정말 축하해."

전화를 끊고도 계속해서 밤이 될 때까지 연습을 했다. 연습을 하면 할수록 꽤 자연스러워졌다. 시간을 재 보니 처음에 40분 정도 걸리던 것이 8분 정도면 휠체어를 차에 실을 수 있게 되었다. 놀라운 발전이었지만 여전히 너무 많은 시간이 걸렸기에 그 다음 날부터는 시간을 더욱 단축하기 위해 시간을 재며 매일 같은 동작을 수도 없이 반복했다. 3일이 지나자 1분 30초 정도면 휠체어를 혼자서 차에 실을 수 있게 되었다.

'이제 학교를 가 보자.'

3년 넘게 다닌 학교라 내겐 너무나 익숙한 장소였지만 개강하기 전에 휠체어 동선을 미리 파악하고 싶었다. 그래서 혼자서 학교에 가는 연습을 하기 시작했다. 집 주차장에서 휠체어를 혼자 싣고 운전해서 학교 건물 지하 주차장에 도착한 뒤, 휠체어를 내리고 엘리베이터 버튼을 누르기까지의 시뮬레이션. 개강하기 전에 수도 없이 집과 학교를 오갔다.

개강하는 날 아침, 차를 몰고 학교 안으로 들어가니 저마다 개성 있게 옷을 입은 학생들이 보였다. 다치기 전 학교에서의 기억들이 뭉게뭉게 밀려왔다. 연습한 대로 주차장에 도착해서 휠체어를 조립했다. 건물 안 엘리베이터 앞에 도착했다. 엘리베이터 버튼을 누른 순간, 짜릿했다.

강의실에 도착하니 교수님이 출석을 부르고 있었다. 1분 정도 지각한 상황이라 아마도 내 이름이 지나간 것 같았다. 교수님이 말했다.

"방금 들어온 학생?"

"저, 경영학과 박위입니다."

도착

어느 날 문득 이런 생각이 들었어요.
현재의 나는 사람들보다 더 오래 앉아 있을 뿐이고
걷는다는 건 단지 이동 수단일 뿐이라고요.
우리는 매일 서로 다른 목적지를
다양한 방법으로 나아갑니다.
저는 오늘도 행복한 마음으로 도착했어요.

part 4

다른 시선으로 살아가다

겉과 속이 다른 사람

병원에 입원해 있을 당시에는 장애로 인해 휠체어를 타는 사람들을 수시로 보았지만 퇴원을 하고 밖을 돌아다니면서부터는 휠체어를 타고 있는 사람들을 거의 볼 수 없었다. 그러다가 우연히 휠체어를 탄 장애인이 보이면, 멀리서부터 그 혹은 그녀를 의식하기 시작했다. 그리고 왜인지는 모르겠지만 혹시라도 눈을 마주칠까 봐 휠체어 두 대가 나란히 가로지르지 않도록 최대한 거리를 확보해서 지나치려고 애썼다. 그렇게 지나친 휠체어 뒷모습을 바라보면 그 사람을 향한 알 수 없는 미안한 감정이 올라왔다.

어떤 한 공간에서 걷고 있는 많은 사람들 중에 나 혼자만 휠체어를 타고 있는 것은 괜찮았지만 그 공간에 휠체어를 탄 다른 누군가가 들어오면 기분이 이상했다. 더 솔직히 말하자면 걷는 사람들의 그룹과 휠체어를 타는 장애인들의 그룹으로 구별되어, 내가 자연스럽게 장애인의 그룹에 속하게 되는 느낌을 받는 것이 싫었다.

나는 의학적으로 평생 회복될 수 없는 사지마비 장애인이 되었지만 반드시 두 발로 일어설 것이라는 믿음을 가지고 있었다. 이 강인한 믿음은 나를 보는 사람들에게 삶에 대한 긍정적인 희망을 전달했을지는 몰라도, '나는 회복될 것이기 때문에 장애를 가진 그들과 나는 다르다'라는 그릇된 생각을 하게 만들었다. 또한 이런 마음은 그 누구도 알 수 없었겠지만 내게 죄책감을 안겨 주었다.

병원 생활 중 인스타그램에 처음 가입을 했던 기억이 난다. 인스타그램 피드에는 휠체어를 타고 있는 모습의 사진을 올리지 않았다. 특히 나를 모르는 다른 사람들에게 휠체어를 탄 모습을 보이고 싶지 않았다. 나를 예전부터 알고 있었던 사람들이 나의 사고 소식을 접하는 것에 대해서는 전혀 불편함이 없었지만, 나에 대해 전혀 모르는 누군가가 휠체어에 앉아 있는 나의 모습을 보고 나를 판단하게 하고 싶지는 않았다.

나의 겉모습에는 특별한 외상이 없기 때문에 대부분 나를 장애가 있는 사람으로 보지 않고 다쳐서 잠깐 휠체어에 앉아 있는 것이라고 생각했다. 그래서 장애로 인해 변화된 나의 모습을 최대한 숨기려고 애썼다. 그래야만 사람들이 나를 장애인으로 바라보지 않을 것만 같았다.

예를 들면 손가락 힘이 너무 약하기 때문에 나오는 부자연스러운 손짓은 최대한 자연스럽게 보이려고 노력했고 코어 근육의 약화로 인해 볼록 튀어나온 배는 펑퍼짐한 옷으로 가렸다. 팔목이 가늘어진 부분은 손목 보호대를 이용해서 가렸고 움직이지 못해서 근육이 많이 빠진 다리는 두툼한 바지를 입어 얇아 보이지 않도록 했다.

사람들 앞에서는 당당해 보이려고 했지만 속으로는 다른 사람들의 시선을 무엇보다 의식하고 있었던 나를 발견했다.

느리게 살기

 매일 아침 내가 살던 아파트 엘리베이터가 1층에서 열리는 순간, 학교를 향해 전속력으로 달리기 시작했다. 나의 빠른 달리기 속도는, 학교를 졸업하기 전까지 끝나지 않을 등교와의 전쟁에서 승리를 가져다줄 수 있는 유일한 희망이었다. 어렸을 때부터 발육 상태가 남달랐던 나는 엉덩이마저도 남다른 오리 궁둥이였다. 엉덩이의 힘이 좋았는지 실제로 나는 달리기가 굉장히 빨랐다. 초등학생 때는 전교에서 가장 달리기가 빨라서 학교 대표로 광명시에서 열리는 육상대회에도 해마다 참가했다.

 점심시간을 알리는 종이 울리기 시작하면 식판을 들고 그 누구보다 빠르게 뛰어가 줄을 서서 배식을 받았다. 빨리 밥을 먹어야 남은 점심시간 동안 운동장에 단 한 쌍밖에 없는 축구 골대 쟁탈전에서 이길 수 있었다. 시험시간에 문제를 빨리 풀어서 다른 친구들보다 시험지를 먼저 넘기면 마음이 뿌듯했다. 빠르게 생활하는 것이 익숙해진 나는 덩달아 성격도 급해졌다.

대학생이 되어서는 의자에 오래 앉아 있을 때 나도 모르게 다리를 동동 구르기도 하고 팔을 들어 기지개를 켜고 몸을 좌우로 비틀며 수시로 스트레칭을 했다. 쉬는 시간이 되면 자리에서 벌떡 일어나 어디가 되었든 돌아다녀야만 답답함을 느끼지 않았다.

전철을 눈앞에서 놓쳐 다음 열차를 기다리는 것보다는 죽어라 뛰어서라도 열차에 탑승해야 마음이 편했고 엘리베이터를 기다릴 바에는 두세 칸의 계단을 한 번에 뛰어 올라가거나 내려가는 것이 차라리 나았다.

어떤 일을 해결해야 하는 상황에 직면하면, 항상 신속하게 잘 처리하는 편이었지만 놓치는 부분도 많고 덤벙대어 실수하는 경우도 많았다. 나의 급한 성격은 비단 내 삶의 한 영역에서만 나타나는 것이 아니었다. 생활 속 모든 영역에서 나는 빠르게 달리고 있었다.

빠른 발을 이용하여 수비를 제칠 때 느낄 수 있는 희열 덕분에 축구에 대한 재미를 더 알게 되었듯, 다른 사람보다 앞서간다는 것에 대한 만족과 기쁨이 무의식적으로 내 삶의 태도에 영향을 미쳤던 것이 아니었을까.

내게 '더 이상 걸을 수 없다'는 말은 단순히 문자 그대로의 의미로 다가오지 않았다. 삶의 모든 부분에서의 변화가 시작된 것이다. 내게는 '더 이상 빠르게 살 수 없다'는 뜻과도 같았다.

나는 이제 바지를 입으려면 침대 위에 올라가 앉아 있는 채로 몸을 한쪽으로 기울여 팔꿈치로 침대에 기대서 몸의 균형을 잡고 버텨야 한다. 그래야 축 늘어져 있는 다리를 하나씩 들어가며 안전하게 바지를 입을 수 있기 때문이다. 소변을 보려면 휠체어가 들어갈 수 있는 넓은 공간의 화장실을 찾아서 바지를 완전히 벗고 일회용 소변줄을 이용해야 한다. 엘리베이터가 늦게 와서 답답함을 느껴도 더 이상 계단을 이용할 수 없고, 장애인 인구에 비해 턱없이 부족한 장애인 콜택시를 타기 위해 2시간, 3시간을 하염없이 기다리는 것은 내게 너무나 자연스러운 일상이 되어 버렸다. 뭐든지 빨리 해내고 싶은 내 강력한 의지만으로는 내 마음이 원하는 속도를 따라잡을 수 없게 된 것이다.

두 다리가 온전했을 당시의 내 생활이 떠오르면서 사고 후의 '나'와 자꾸만 비교하게 되었다. 나의 육체적 한계로 인해 어쩔 수 없이 느리게 생활할 수밖에 없는 이 현실이 너무 답답했다. 마치 평지 위를 편안히 걷다가 갑자기 나타난 경사진 언덕을 힘겹게 오르고 있는 느낌이랄까.

모든 일상이 느려진 삶에서 느껴지는 답답한 마음을 다스리는 것이 가장 어려웠다. 기다림에 익숙하지 않았지만 나는 참고 견디고 또 참아야 했다. 달라진 나의 몸에 적응을 해야 했다. 몸의 기능이 저하됐음을 인정하고 느리게 살아가야 했다.

천천히 사는 것에 익숙해지자 지금껏 내 삶에서 여유가 없었음을 알게 되었다. 무엇이 그리 급했던 것일까? 왜 난 빠르게 살기 위해 발버둥 쳤을까?

나는 더 이상 빠르게 살 수 없게 되었지만 오히려 신중하고 여유롭게 살 수 있게 되었다. 마비된 몸으로 살아가다 보면 일상에서의 한 번의 실수가 자칫 큰 사고로 이어질 수 있기 때문에 매 순간 더 신중해질 수밖에 없다. 침대에서 휠체어로 몸을 옮길 때는 두 발의 위치, 각도, 두 팔의 힘을 적절하게 계산해야 한다. 그래야 양팔로 몸을 지탱해서 엉덩이를 들어 침대에서 휠체어로 안전하게 앉을 수 있기 때문이다. 나는 불완전한 모습으로 살아가면서 이전보다 오히려 실수가 줄어들었다.

내가 당장 걷고 싶다고 해도 나는 지금 걸을 수 없다. 혼자서 휠체어를 타고 계단을 오르지 못한다. 이처럼 내게 불가능한 상황이 닥치면 비로소 포기할 수밖에 없게 된다. 원하는 것이라면 뭐든지 해야 하고 뭐든지 가져야 직성이 풀리던 나는, 포기하기 위해 여유를 갖는 법을 배웠다. 이미 가지고 있어서 생기는 여유가 아니라 가지고 싶은 것도 내려놓을 수 있는 마음의 여유…. 포기하니 별것 없었다.

전신이 마비가 되니 인생의 지혜를 배웠다. 급할 것도 없고 반드시 가져야 할 것도 없다. 느리게 천천히 살면 된다.

'장애'가 긍정도 부정도 아닌 그날이 되기를…

솔직히 다치기 전에는 '장애'에 대한 관심이 전혀 없었고 궁금하지도 않았다. 왜냐하면 '장애'는 나에게 절대 일어날 일이 아니라고 생각했기 때문이다.

사고 후 약 두 해 정도가 지나면서, 나의 지난 행동과 생각들이 단순히 나의 장애를 인정하고 받아들여야만 바뀌는 것이 아님을 알았다. 내 머릿속에서 '장애'라는 단어 자체에 대한 고정관념과 선입견을 없애야 했다. 그래서 도대체 나는 왜 '장애'라는 단어에 선입견을 가지고 있는 것인지에 대한 의문을 갖기 시작했다. 가장 먼저 나의 과거 학창 시절을 돌이켜 보면서 나에게 질문을 던졌다.

'나는 장애에 대한 교육을 받은 적이 있는가?'

초등학교를 다녔던 시절부터 대학 생활을 할 때까지 단 한 번도 장애에 대한 교육을 제대로 받은 기억이 떠오르지 않았다. 중학생 때 '특수반'이라는 명칭의 반에 장애를 가진 친구들이 있었지만 그 친구들과는 같이 섞여서 수업을 받지도 않았고 제대로 대화할 수 있는 기회조차 없었다.

일반 학급의 학생들인 '우리'와 '그들'은 서로 항상 분리되어 있었으나 엄밀히 말하자면 격리되어 있었다는 표현이 더 맞을 것 같다. 그리고 어쩌다 우연히 '그들'과 마주치면 항상 선생님의 도움을 받거나 부모님의 도움을 받았던 모습들 정도만 기억이 난다.

이러한 교육 환경에서 자라면서 나는 자연스럽게 '장애인'이란 언제나 반드시 도움이 필요하며 나와는 전혀 다른 존재이고 또한 절대 섞일 수도 없는 사람들이라고 생각하게 되었다.

두 번째 질문은 이것이다.

'우리 사회에서 바라보는 '장애'라는 단어에 대한 일반적인 생각과 이미지는 무엇일까?'

우리 사회에서 '장애'라는 단어는 어떤 말을 수식할 때 흔히 사용된다. 예를 들어 통신에 문제가 있으면 '통신에 장애가 있다'고 표현한다. 여기서 '장애'라는 단어에는 부정적인 의미가 자연스럽게 내포되어 있지 않는가? 그렇다면 부정적인 의미가 포함된 단어 '장애'에 사람 '인'(人) 자를 붙여 '장애인'이라는 하나의 단어로 만들었다고 생각해 보자. 이때 '장애인'이라는 단어를 듣거나 사용하는 사람에게는 어떤 인식이 심어질까? 당연히 부정적인 의미를 내포한 단어로 생각되지 않을까?

　그렇다고 누군가 나에게 '장애인' 말고 대체할 수 있는 다른 단어가 있느냐고 묻는다면 딱히 대안이 없어 답을 못할 것 같다. 그러나 적어도 '장애'라는 단어 자체에 대한 생각의 변화를 희망한다고 대답할 수는 있을 것 같다.

　예를 들어 '물통'이나 '젓가락'이라는 단어에는 부정적이나 긍정적인 의미가 포함되어 있지 않다. 이처럼 '장애'라는 단어가 긍정 혹은 부정적인 이미지가 포함되지 않은 단어로 생각되는 사회일 때 비로소 '장애'에 대한 선입견이나 고정관념이 많이 깨어질 수 있을 것이라고 생각한다.

　어렸을 때부터 학교에서 장애를 가진 친구들과 함께 어울리며 살아갈 수 있는 환경이 조성되고 '장애'에 대한 교육을 충분히 받을 수 있는 사회가 된다면 얼마나 좋을까.

다르게 생각할 필요 없어요

2019년 가을, 한국교통안전공단의 의뢰를 받아 오스트리아를 가게 되었다. 휠체어를 탄 내가 버스, 트램, 지하철을 혼자 이용하면서 오스트리아 시민들의 반응을 실험카메라로 담는 식의 영상이었다.

이 영상을 처음 기획할 때 '휠체어를 탄 채로 오스트리아의 대중교통 시설을 이용하는 것은 불편함이 없을 것이고 어려운 상황이 생겼을 때는 도움을 받는 게 당연한 일처럼 자연스러울 것이다'라고 예상을 했다. 그리고 '이런 사회가 형성된 이유는 어렸을 때부터 장애에 대한 교육을 잘 받았기 때문일 것이다'라고 결론을 내리고 오스트리아 시민들과 그곳에서 오랫동안 거주한 한국인들, 그리고 한 초등학교를 섭외하여 인터뷰를 할 계획을 세웠다.

예상한 대로 모든 대중교통을 혼자 이용하는 데 전혀 불편함을 느낄 수 없었다. 기본적으로 휠체어를 타도 스스로 이용할 수 있게 시설이 구축되어 있기도 했지만 가장 인상적이었던 부분은 시민들의 태도와 행동이었다. 내가 버스나 트램을 탑승할 때 운전기사님이 직접 나오셔서 경사로를 설치해 주는 그 시간을 모두가 너무나 당연하게 기다려 주었다. 그리고 내가 도움이 필요해 보이면 너 나 할 것 없이 돕겠다고 말을 걸어왔다.

촬영 도중 한번은 지하철역에 엘리베이터가 고장 나서 수십 개의 계단을 내려가든가 아니면 다른 교통수단을 이용해야 하는 난감한 상황이 발생했다. 그러던 중에 대학생 정도로 보이는 두 명의 친구가 우리에게 와서 도와줄 테니 같이 휠체어를 들어서 계단을 내려가는 게 어떻겠냐고 했다. 그래서 3명이서 휠체어를 들고 계단을 내려가는데 그 모습을 본 2명의 시민분이 더 오셔서 더 안전하게 수십 개의 계단을 내려갈 수 있었다. 다 내려온 후 그들은 당연하다는 듯 가던 길을 갔다. 게다가 이런 일은 나에게만 일어난 것이 아니라 유모차를 끌고 있는 어떤 시민도 이미 다른 시민이 도와줘서 계단을 내려오고 있었다.

여기까지는 계획한 대로 영상에 잘 담았다. 이제 어릴 때부터 교육을 받는 것이 중요하다는 인터뷰만 잘 담긴다면 내가 처음 기획한 대로 영상이 잘 만들어질 것이라고 예상했다. 그래서 "어릴 때부터 장애에 대한 교육을 받았습니까?"라고 시민들에게 질문을 했다. 그런데 돌아오는 답변은 "특별한 교육을 받은 기억이 없습니다"는 것이었다. 난감했다. 인터뷰 내용이 잘 받쳐 줘야 영상의 완성도가 높아질 텐데 교육을 받은 기억이 없다니…. 그래서 질문을 바꿔 "장애와 비장애는 다르다는 인식에 대한 가정교육을 받나요?"라고 유도질문을 했다. 돌아오는 답변은 "장애와 비장애를 왜 다르다고 생각합니까? 다르게 생각할 필요가 없습니다"였다.

내 머릿속에 있던 생각의 틀이 깨지는 느낌이었다. 중도에 장애를 갖게 된 나조차도 장애와 비장애를 다르다고 구분 지었으나 그들은 아니었다. 그냥 일반적인 시선으로 서로를 바라보는 마음에 가까웠다.

마지막으로 전교생의 25%가 장애학생인 ILB 학교에 방문했다. 실제로 학급에서는 장애학생과 비장애학생이 함께 어우러져서 수업을 받고 있었다. 그곳에서 20년 넘게 근무하신 교장선생님께 질문했다. "장애가 없는 자녀의 학부모님들은 왜 이 학교에 자녀를 보내는 건가요?"

교장선생님은 "자신의 자녀들이 어렸을 때부터 공존하며 생활하는 법을 배우기를 원해서 이 학교에 보냅니다"라고 대답했다.

말문이 막혔다. 특수학교가 집 근처에 지어진다고 하면 학부모들이 땅값 떨어진다며 결사반대하는 우리나라의 현실이 떠올랐다.

오스트리아는 이미 국가차원에서 오래전부터 장애와 비

장애를 나누지 않는 공공의식을 키워왔고 이를 자연스럽게 보면서 자라온 아이들이 좋은 영향을 받고 있는 것 같았다. 물론 그들도 아주 오래전에는 교육을 받았겠지만 지금의 오스트리아는 장애를 특별히 구분 짓지 않고 모두 사회의 한 구성원으로서 존중해 주고 있었다.

그렇게 영상에는 생각했던 것보다 오히려 더 풍부한 내용이 담길 수 있었다.

"장애와 비장애를 다르다고 생각할 필요가 없어요."

양보와 배려

노약자를 위해서 양보하세요!
장애인을 위해서 배려하세요!

엘리베이터 혹은 지하철 좌석에 쓰여 있거나 TV 캠페인으로도 많이 접했던 익숙한 문구들이다. 그리고 당연한 말이라고 생각했다. '맞아, 배려해야지. 양보해야지.'

사고 전에는 지하철을 탈 때 엘리베이터를 이용해 본 적이 없었고 계단을 항상 이용했다. 버스 안에서는 노약자석이 비어 있을 때 아무리 다리가 아파도 앉을 생각조차 하지 않았다.

배려와 양보. 얼핏 들으면 따뜻하고 이해심이 느껴지는 단어 같지만 항상 그렇지만은 않다는 생각이 들었다. 특히 휠체어 생활을 하면서부터는 불편하고 피하고 싶은 말이 되었다.

엘리베이터 앞에 사람들이 줄을 서 있다고 가정해 보자. 내가 휠체어를 타고 그들 뒤에 다가갔을 때 사람들이 나를 위해 맨 앞으로 줄을 설 수 있게 해준다면 나는 가장 먼저 엘리베이터에 탑승할 수 있을 것이다. 차례로 줄을 서고 있었던 사람들은 자신의 소중한 시간을 들여 나를 위해 양보를 했기 때문에 '저 휠체어를 탄 사람을 위해 나의 시간을 썼다'는 생각을 자연스럽게 할 것이다. 반면에 이러한 상황에서 휠체어를 탄 나는 그들로부터 양보와 배려를 받았기 때문에 감사한 마음이 들 것이다. 심지어는 그들에게 미안하고 죄송스러운 마음까지 들 수도 있다.

대부분의 시민들은 어쩌다가 한 번 배려하고 양보하는 상황이겠지만, 휠체어 사용자인 나는 어느 장소에 가든지 항상 배려 받고 양보를 받게 된다. 그렇게 되면 그러한 상황이 올 때마다 나는 배려해 준 사람들에게 감사하고 미안한 마음이 들게 될 것이다. 어느 곳을 가나 항상 배려와 양보를 받는다면 이동약자들은 사회생활을 하는 데 몹시 위축될 수밖에 없을 것이라고 생각한다.

전에 오스트리아에서 버스 안에 있던 시민들은 내가 버스에 탑승할 때 지체되는 시간을 자연스럽게 받아들였다. 그 누구도 불만을 갖거나 불편한 기색을 표현하지 않았다. 내가 엘리베이터 앞에 가면 사람들이 무조건 비켜 줬다. 그들은 휠체어 이용자 때문에 걸리는 시간을 배려와 양보의 개념이 아닌 매너의 개념으로 받아들였다. 오스트리아에서는 당연하고 자연스러운 일상일 뿐이었다.

'양보'와 '배려'라는 단어에는 자신의 손해를 감수하면서라도 상대방에게 도움을 준다는 의미가 내포되어 있다. 사람들은 배려하고 양보를 하면서 희생을 했다고 생각할 수도 있는 것이다.

우리는 어린아이와 함께 걸을 때 그 아이의 걸음이 느리다고 해서 그 아이를 특별히 배려하는 마음을 가지고 걷지는 않는다. 아이의 체구가 작기 때문에 자연스럽게 그 아이의 걸음 속도에 맞추게 되는 것이다. 대부분의 사람들은 이러한 이유를 생각조차 하지 않고 걸을 것이다.

이렇듯 우리 사회가 노약자와 장애인을 향한 태도를 배려와 양보의 개념으로 접근하는 것이 아니라 매너, 즉 자연스럽고 당연한 행동으로 여기게 되기를 희망한다.

당신은 사랑하기 위해 태어난 사람

내가 입원해 있던 재활병원 5층에는 내 방 크기 정도 되는 조그마한 기도실이 있었다. 이른 오전부터 저녁 식사 전까지 이어지는 재활운동을 마치면 잠자리에 들기 전 거의 매일 기도실에 갔다. 기도실에 가는 시간은 늦은 저녁이라 기도실 안에는 보통 사람이 없는 경우가 많았지만, 종종 환자의 가족으로 보이는 사람들이 간절히 기도하는 모습을 보기도 했다.

기도실에 혼자 있는 날에는 기도실 조명을 끄고 정면에 세워져 있는 큰 십자가와 마주 보고 앉아 휠체어를 고정했다. 기도실에 있는 조명을 꺼도 십자가에는 형광색 불빛이 남아 있었기 때문에 어두운 기도실에 홀로 빛나는 십자가 바로 앞에 앉아 있으면 마치 하나님과 독대하고 있는 느낌도 들어 기도하기 참 좋은(?) 분위기가 만들어졌다. 핸드폰과 블루투스 스피커를 연결해 CCM을 틀고 잔잔한 음악 소리가 기도실 안을 메우면 눈을 감고 간절하게 기도를 시작했다.

'하나님, 저 일으켜 주세요. 예전처럼 다시 걷고 뛰고 싶어요. 저 일으켜 주시면 하나님이 시키시는 것 뭐든지 다 할게요! 저 일으켜 주세요. 제발… 제발… 부탁드립니다!'

나름 모태신앙인이었기 때문에 간절히 기도하면 하나님이 언제든 나를 일으키실 수 있다는 확고한 믿음이 있었다. 그래서인지 가끔 기도를 하다 보면 마음속에서 희망이 솟아올라 다리에 힘이 들어가는 것 같은 느낌이 들기도 했다. 그러면 혹시나 하는 마음으로 어떻게든 혼자서 일어나 보려는 시도를 했지만 두 다리는 꿈쩍도 하지 않았다.

책장을 넘기기에도 손이 많이 불편했지만 '성경책을 읽으면 하나님이 기뻐하셔서 혹시라도 조금 더 나를 빨리 일으켜 주시지 않을까' 하는 마음으로 평소에는 잘 읽지 않았던 성경책을 손가락에 침을 묻혀 한 장씩 넘겨가며 꾸준히 읽었다.

그렇게 나는 매일 저녁 그 작은 기도실에서 지푸라기라도 잡아 보겠다는 갈급한 심정으로 오로지 '나'만을 위해서 기도하고 성경을 읽었다. 어떤 방법을 써서라도 휠체어에서 일어나고 싶은 마음뿐이었다.

매일 기도하고 또 기도했다. 전혀 미동도 없는 애꿎은 내 두 다리를 두드리며 정말 간절히 기도했다. 그러던 어느 날 저녁이었다. 그날도 오직 '나'만을 위해 기도하고 있었다. 그런데 갑자기 다른 병실에 입원해 있는 환자들이 머릿속에 한 명씩 떠오르기 시작했다. 그리고 내 의지와 상관없이 그 사람들을 위해 눈물을 흘리며 기도를 하게 되었다. 도저히 내 마음의 그릇으로는 할 수 있는 기도가 아니었다.

전신마비 진단을 받은 나는, 내가 입원해 있는 재활병동에서 상대적으로 경증 환자였다. 주변 병실에는 보통 뇌 손상을 입은 환자들이 있었는데 뇌 손상의 정도에 따라서는 증상이 심해서 회복에 대한 희망이 전혀 보이지 않는 사람들도 많았다.

전신마비 진단을 받고 병원에 입원한 지 세 달 정도 되었을 때였다. 한 환자의 어머니가 누워 있는 내게 오셔서 내 손을 꼬옥 잡고 내 눈을 지그시 바라보며 말씀하셨다.

"위야, 우리 아들이 위 너만큼만 됐으면 좋겠다…"

충격이었다.

'어떻게 손발이 움직이지 않는 내게 이런 말을 할 수 있을까?'

겉으로는 울 수 없었지만 너무 안타까워 마음속으로 눈물을 흘렸다.

내게 말씀을 하신 어머님의 아들은 고등학생이었고, 펜싱 국가대표 상비군이었다. 교통사고로 뇌가 손상되어 대화가 불가능하고 밥도 먹을 수 없으며 회복을 기대하기에도 너무나 어려운 상황이었다. 내가 입원한 곳에 있던 대부분의 환자들은 온갖 사고와 질병으로 인해 고통을 받으며 어려운 상황 한가운데 놓여 있었다.

그렇게 기도실에서 한 시간 정도 울면서 기도를 했다. 그리고 그때 마음속에 이런 마음이 들었다.

'반드시 회복되어서 나와 비슷하게 아픈 사람들과 정신적으로 어려운 상황에 처한 사람들에게 희망이 되는 사람이 되어야겠다!'

사실 그 당시만 해도 나 혼자서는 휠체어를 잘 밀 수조차 없는 상태였기 때문에 내가 구체적으로 어떻게 사람들에게 도움을 줄 수 있을지는 상상하기 어려웠고 전혀 감이 오지 않았다.

나는 나의 자유의지로 술을 마시고 정신을 잃어 다쳤기 때문에 그 누구도 원망한 적이 없었다. 심지어 하나님까지도. 그런데 휠체어를 타고 살아가다 보니 전에 보지 못한 세상이 보이기 시작했다. 자신의 의지와 상관없이 장애를 가지고 태어났거나 수많은 요인들로 인해서 고통받고 있는 사람들이 너무 많았다. 어릴 때부터 다녔던 교회에서는 '공평하신 하나님'이라는 말을 많이 했는데 내가 바라보는 이 세상은 너무나 불공평해 보였다. 그래서 나는 하나님한테 따졌다.

'하나님, 지금 이렇게 수많은 사람들이 고통받고 있는데 왜 가만히 내버려 두시는 거예요? 공평하신 하나님이시라면서요. 전 이해가 되지 않습니다. 당신이 진짜로 존재한다면 그들은 하나님이 직접 도와주셔야 하는 것 아닌가요? 한번 대답해 보세요!'

그리고 약 3일 정도가 지난 후 화장실에 있었는데 갑자기 마음속으로 이런 답변을 받은 것만 같았다.

"위야, 네가 가서 사랑하면 되잖아."

충격적이었다. 도저히 반문할 수가 없었다. 사실 나는 내가 이해할 수 있는 대답은 절대로 들을 수 없을 것이라고 생각했다. 나는 여태껏 살면서 내가 사랑해야 할 대상은 내 가족, 친구들 그리고 내 주변인들이라고 생각했다. 그런데 하나님은 나에게 사회적 약자들, 고통받고 있는 사람들을 직접 찾아가서 사랑하라는 답을 주신 것이다. 하나님의 사랑으로 이 세상의 결핍을 채우라는 말씀이었다. 그렇게 나는 사랑의 원리를 깨닫게 되었다.

우리는 돈이면 거의 모든 것을 할 수 있는 자본주의 사회에서 살고 있다. 그런데 사랑은 돈이 없어도 줄 수 있다. 다리를 쓸 수 없고 손가락이 완전하지 않은 나도 누군가를 사랑하기로 마음만 먹으면 사랑할 수 있다. 다만 그 사랑을 어떻게 실천할 것인가에 대한 과제는 남아 있지만 그럼에도 누군가를 사랑하기로 마음먹은 것만으로도 큰 걸음을 내디딘 것이다.

내 삶의 목표가 명확해지는 순간이었다. 그리고 깨달았다. 내가 이 세상에 태어난 이유와 목적이 바로 사랑하기 위해서라는 사실을….

공평

주위를 둘러보면
세상은 참 불공평해 보입니다.
저마다 처한 상황과 어려움을 보고 있노라면
한숨이 절로 나와요.

우리가, 그리고 사회가 정한
'공평'이라는 기준은 무엇일까요.
무엇이 공평한 것이라고 배우며 성장했나요.

오늘도 어김없이 해가 지고 저녁이 되었네요.
우리 모두에게 주어진 시간은
정확하고 공평하게 지나가고 있어요.
시간이라는 것을 어떻게 생각하느냐에 따라
우리의 삶의 가치가 달라지는 것 같아요.

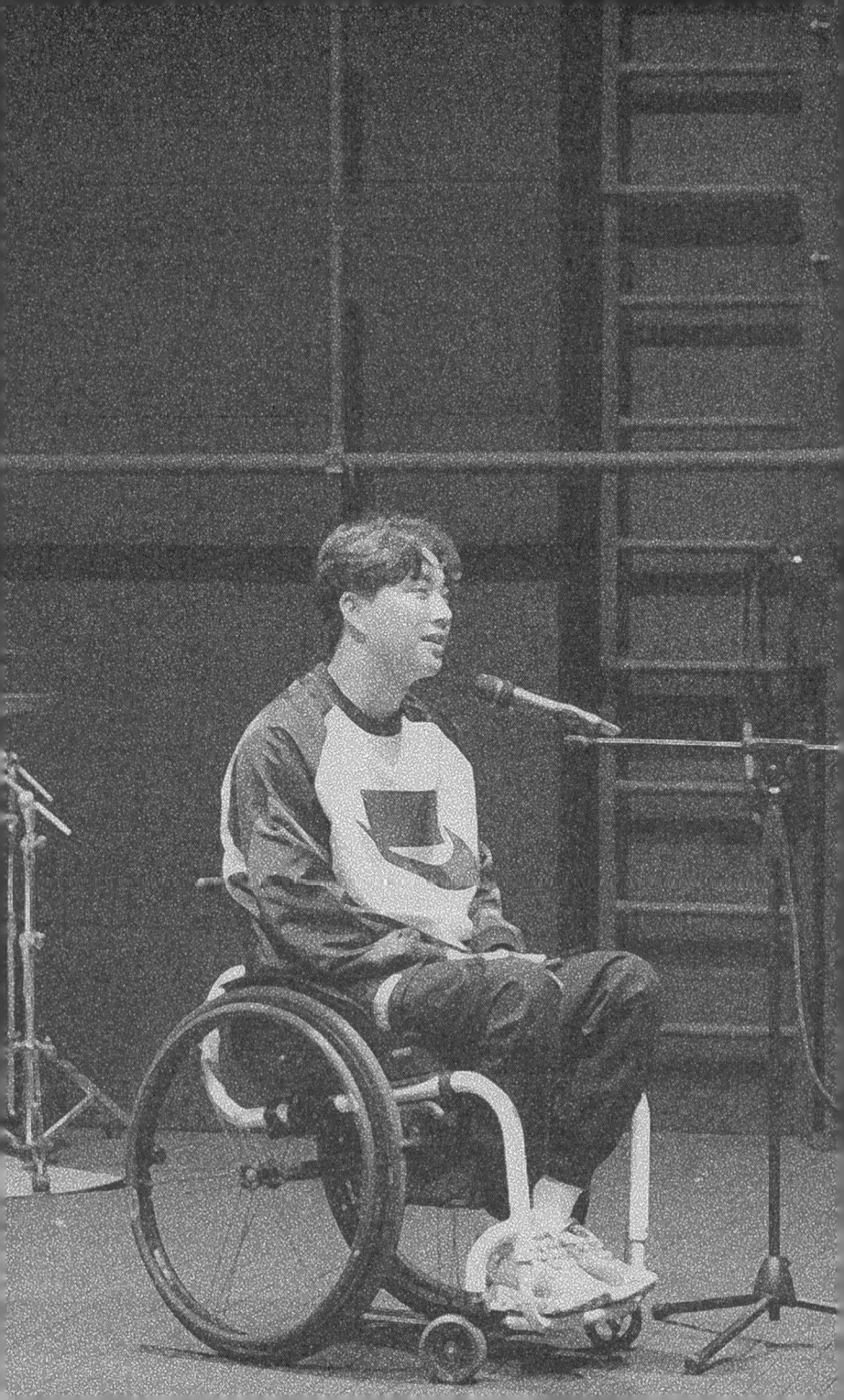

(part 5)

위라클 더 비기닝

0.000001%의 가능성이라도

'사람들에게 희망이 되는 사람이 되어야겠다.'

재활병원에 입원해 있을 때 병원 기도실에서 이렇게 다짐했었다. 그런데 어떤 방식으로 사람들에게 희망을 줄 수 있을지 아무리 고민을 해봐도 잘 떠오르지 않았다. 4년 전, 병원 기도실에서 품었던 나의 당찬 포부가 그저 허황된 소망으로만 남게 될까 걱정이 되기도 했다.

나는 병원 생활을 하면서 SNS 채널을 통해 나의 근황 사진이나 영상을 꾸준히 올렸다. 응원하고 기도해 주는 많은 사람들에게 호전되고 있는 나의 소식을 전하고 싶었고 동시에 감사의 뜻도 전하고 싶었다. 그러다 가끔 모르는 사람들로부터 연락이 왔다. 가족 중에 누군가가 사고로 전신마비가 된 사람들, 육체적 질병은 아니지만 정신적으로 고통을 겪고 있는 사람들…. 연락이 오는 대부분의 사람들은 내게 조언을 구하기 위해 나와 만남을 갖기 원했다. 전화가 닿으면 내가 직접 병원으로 찾아가기도 하고 카페에서 만나 대화를 나누기도 했다. 그들을 만나면 그들의 모습 속에서 내가 보였다.

처음 전신마비 진단을 받아서 병원에 누워 있을 때 나는 너무 막막했다. 지금 상황에서 대체 무엇을 어떻게 해야 할지 갈피를 잡지 못했고 어디로 나아가야 하는지 제시해 주는 조언자가 없었다. 그래서 나는 재활 과정 속에서 직접 다 겪어 보고 무엇이 도움이 되는지, 무엇이 좋지 않은지를 스스로 알아가야 했다. 반복되는 실수와 실패는 좋은 경험이 되기도 했으나 돌이켜 보면 굳이 하지 않아도 되는 것들이었다.

나는 나처럼 척수신경이 손상된 사람들한테 그런 실패를 경험시키고 싶지 않았다. 내가 경험한 것들을 바탕으로 때에 맞는 적절한 선택을 할 수 있게 조언만 잘해 주면, 적어도 그들이 재활 과정 속에서 겪지 않아도 될 실패는 피하게 할 수 있다고 생각했다.

그들은 나를 만나면 마치 나를 예전부터 알아왔던 것처럼 그동안 쌓아왔던 고민과 아픔들을 술술 털어놓기 시작했다. 특히 나처럼 전신마비 판정을 받은 사람인 경우에는 더욱 그랬다. 내가 특별한 위로의 말을 건네지 않더라도 휠체어를 타고 혼자 그들에게 찾아왔다는 이유만으로도 그들에게 위로가 되는 것 같았다. 아마도 휠체어를 타고 온 내 모습을 보고 이미 강한 연대감이 형성되지 않았을까. 나는 심리학을 전공하거나 의료 전문가는 아니었지만 그들의 고통을 먼저 겪은 사람으로서 자연스레 그들의 선배가 되어 있었다.

"저도 전신마비 진단을 받았었는데 지금 이렇게 혼자 운전해서 만나러 왔잖아요. 집도의가 저한테 분명히 손가락도 절대 움직이지 못할 거라고 했거든요. 그런데 지금 이렇게 움직이잖아요. 신경이 어디까지 회복될 수 있을지는 의사도 장담할 수 없어요. 그러니 지금 벌써부터 자신의 한계를 긋지 마시고 희망을 가지고 재활하셨으면 해요."

물론 의학적인 진단이 분명히 현실적이라는 것을 부정할 수는 없다. 하지만 급성기 환자에게 가장 필요한 것은 긍정적인 마음을 가질 수 있게 해주고 용기와 희망을 잃지 않게 해주는 것이다. 혹자는 내게 이렇게 말할지 모른다. 헛된 희망을 주는 것은 오히려 그 환자에게 희망고문을 주는 것이 아니냐고…. 아니다. 만약 0.000001%의 가능성이라도 있다면 가능성은 있는 것이다.

사고 후 얼마 지나지 않아 '위 일어난다'라는 글자가 쓰여 있는 캘리그래피를 선물로 받았다. 나는 몇 년이 지나도록 이 캘리그래피를 카톡 프로필로 설정해 놓고 있다. 힘 있는 글씨체와 기적을 뜻하는 파란 장미를 볼 때마다 힘이 난다.

사고 후에 8년이 지나 글을 쓰고 있는 지금도 나는 반드시 일어날 것이라는 희망을 내려놓지 않았다. 나는 지극히 희미한 가능성을 보고 희망을 품었다. 그 희망은 내가 열심히 재활할 수 있는 동기부여가 되었고 나는 그 힘으로 지금까지 살아냈다. 물론 의사의 말대로 영원히 일어나지 못할 수도 있다. 그런데 이제 그것은 내게 중요하지 않다. 희망을 품고 달려오면서 느낀 기쁨과 행복은 나를 이미 일으켜 세웠다.

Calligraphy ⓒ JunEunsun

유튜브 채널을 만들겠어!

퇴원을 하고 4년간 죽을힘을 다해 재활했다. 내가 독립적인 생활을 할 수 있어야 무엇을 하든 토대가 될 수 있다고 생각했다. 그러던 어느 날, 갑자기 마치 스탠드의 조명이 켜지듯 무언가가 깜깜했던 내 머릿속을 밝혔다.

'왜 여태껏 생각하지 못했을까?'

시간과 장소에 구애받지 않고 다양한 사람을 만날 수 있는 방법이 떠올랐다. 바로 유튜브였다. 사고 후에 유튜브 영상을 정말 많이 즐겨 봐왔지만 내가 직접 채널을 만들어야겠다고 생각한 적은 단 한 번도 없었다.

'내 이야기를 영상으로 올리자!'

'도움이 필요한 사람들에게 어떤 방식으로 도움을 줄 수 있을까?'에 대해 오랫동안 고심했던 기간이 무색할 정도로 단번에 퍼즐이 맞춰졌다. 나와 만나고 싶어 하는 사람들을 직접 찾아가는 것이 가장 좋겠지만 만남에는 물리적, 시간적 제약이 있을 수밖에 없다. 그런데 영상을 통해 사람들을 만난다면 그 제약으로부터 자유로워진다. 언제 어디서나 영상을 통해 사람들에게 나의 목소리를 전달할 수 있는 것이다.

전신마비 진단을 받고 휠체어를 타는 인물에 대한 이야기는 정말 특별할 수밖에 없다. 이런 콘텐츠는 따라 하고 싶어도 따라 할 수 없고 흉내 내고 싶어도 흉내 낼 수 없다. 장애가 없는 사람이 발로 운전하는 것은 특별하지 않지만 다리가 움직이지 않는 내가 손으로 운전하는 것은 흥미로운 콘텐츠가 될 수 있다. 샤워하는 법, 소변 보는 법, 요리하는 법…. 휠체어를 타고 있는 나의 삶은 모든 것이 소재가 될 수 있는 것이다. 콘텐츠 소재로서도 희소성이 있기 때문에 충분히 매력적이었다.

인생의 극심한 고난을 겪은 한 청년이 좌절하지 않고 휠체어를 타고 살아가는 모습이 영상으로 전해진다면 사람들에게 용기와 희망을 줄 수 있을 것이라는 확신이 들었다.

'저 친구도 밝게 살아가는데 나도 살 수 있지 않을까'라는 마음을 심어 줄 수 있다면 더할 나위 없이 행복할 것 같았.

이뿐 아니라 장애에 대한 사람들의 인식을 개선시키는 효과도 기대가 됐다. '장애'에 관하여 전혀 관심도 없고 무지했던 나는 휠체어 생활을 하면서 '장애'를 새롭게 이해하게 되었다. 그리고 나와 함께 생활하는 가족들 또한 '장애'란 무엇인지 구체적으로 이해하게 되었다. 더 나아가서는 나와 친한 주변 사람들이 나와의 지속적인 만남을 통해 장애에 대한 편견과 선입견을 깨뜨리는 모습을 보게 되었다.

사람들이 나와 함께 시간을 보냄으로써 새롭게 알아가고 느끼는 부분이 많다는 것, 그리고 그 경험을 통해 그들의 고정관념이 깨어진다는 것, 이 사실은 내게 큰 영감을 주었다.

'영상을 통해 나와 함께 생활하는 것 같은 느낌이 들게 하면 어떨까.'

사람들이 내 영상을 보고 나를 간접 경험함으로써 알지 못했던 부분들을 알아갈 수 있겠다는 생각을 했다. 요즘은 일인칭 시점으로 촬영하는 브이로그가 유행이지만 나는 제삼자의 시선에서 카메라로 나를 비춰 휠체어를 타고 생활하는 모습을 담으면 되겠다 싶었다. 이 영상을 보는 사람들이 마치 내 친구가 옆에서 나와 같이 걷고 있을 때 나를 보는 시선으로 나를 보게끔 말이다.

길을 가다가 턱이나 계단을 만날 때 내가 스스로 넘거나 주위 사람들의 도움을 통해서 넘는 장면을 그대로 보여 주는 것이다. 영상을 보는 사람들이 '휠체어를 타면 저런 상황이 불편할 수 있겠구나' 스스로 느끼고 공감하도록 하면 막연했던 '장애'에 대한 공감대가 형성될 수 있겠다고 생각했다.

기존의 미디어에서 봐왔던 '장애' 관련 콘텐츠들은 재미가 없었다. TV를 보다가 장애인 관련 영상이 나오면 자연스레 넘기곤 했다. TV 속에서 장애인은 극심한 장애를 극복한 영웅적인 사람으로 묘사된다. 아니면 모금 방송 프로그램에서 가난과 질병으로 고통받고 있는 모습으로 나오기도 한다. 영상을 보는 사람들은 장애인에 대해 '장애를 극복한 영웅' 혹은 '도움을 받아야 될 대상'으로 생각하게 되는 것이다.

모든 것을 바꾸고 싶었다. 기존에 정형화되어 있는 '장애' 콘텐츠의 틀을 깨고 싶었다. '장애'를 극복한 사람이 아닌, 박위라는 평범한 청년의 삶을 보여 주어야겠다는 생각을 했다. 내가 현재 장애를 가지고 있기 때문에 장애는 내 삶의 일부분으로서 자연스럽게 나타나는 것일 뿐 콘텐츠의 주된 내용이 아니다.

휠체어를 탄 내가 여러 미디어에 자주 노출된다면, 사람들은 휠체어를 탄 나의 모습을 더 이상 특별하게 생각하지 않을 것이다. 그래서 유명해져야겠다는 생각도 하게 됐다. 공중파 예능 프로그램에서 게스트가 아니라 MC가 되어 진행을 하고 사람들에게 익숙해진다면, 사람들은 휠체어를 탄 사람들을 보다 자연스럽게 받아들일 것이다.

이 모든 생각들이 한순간에 정리가 되었다. 나는 그날 굳은 결심을 했다.

'유튜브 채널을 만들겠어!'

그때부터 확신을 가지고 주변 사람들에게 알리고 중보기도를 요청했다. 사실 그 당시에 내가 유튜브를 시작한다고 했을 때 사람들은 나의 결심을 존중하고 응원을 해줬지만 반응은 미적지근했다. 우리 부모님조차도.

"그래, 위야. 그거라도 열심히 해봐."

아마도 사람들은 장애를 가진 내가 유튜브 채널을 운영하는 것이 현실적으로 어렵다고 생각하지 않았을까? 하지만 나는 확신에 가득 차 있었다.

휠린 마카오(Wheelin Macao)

제주관광공사에서 진행하는 배리어 프리(Barrier Free) 여행 영상을 제작하려고 하는데 혹시 출연 의사가 있으신지 여쭤보려고 연락드렸습니다.

'나소 프로덕션'이라는 제작사에서 인스타그램으로 메시지를 보내왔다. 유튜브 채널을 만들겠다고 사람들한테 말을 하자마자 거짓말처럼 2주 만에 연락이 온 것이다. 갑작스럽게 온 제안이라 신기했다. 마치 내가 유튜브를 할 예정인 것을 알고 연락이 온 것 같은 느낌이었다. 기가 막힌 타이밍이었다. 설레는 마음으로 동네 카페에서 제작사 사람들과 만남을 가졌다.

여리여리한 여대생 두 명이 카페에 들어왔다. 평소에 생각하던 영상 제작하는 사람의 이미지가 아니었다. 두 친구의 이름은 영주와 보라. 대학 졸업을 앞둔 그들은 영상을 만드는 일을 하고 싶어서 함께 영상 제작사를 차렸다고 했다. 이들은 휠체어를 탄 사람이 친구와 같이 제주도에서 여행하는 모습을 재미있고 유쾌하게 담고 싶다고 했다.

제안을 흔쾌히 수락했다. 나한테는 카메라와 친숙해질 수 있는 좋은 기회이기도 했다. 제주도를 같이 갈 사람으로는 고민 없이 바로 지우와 망구를 선택했다. 지우는 나의 몸 상태를 누구보다 잘 알고 있었기 때문에 같이 여행하기에 가장 좋은 상대였다. 지우와 오랜만에 여행을 같이 가고 싶기도 했다. 그리고 망구도 마침 일을 쉬고 있었던 터라 같이 제주도를 가자고 하면 시간을 내줄 수 있을 것 같았다. 망구는 사진을 전공했기 때문에 사진과 영상에 대해 잘 아는 망구와 함께라면 이번 여행에 분명히 큰 도움이 될 것이라고 믿었다. 망구는 내가 병원 생활을 할 때 나를 간병해 주기 위해서 종종 밤을 지새운 적도 많았고 나의 몸에 대한 이해가 높은 친구였다. 그리고 워낙 친한 사이였기 때문에 같이 가고 싶었다. 망구는 흔쾌히 내 부탁을 받아 주었다.

우리는 3박 4일간 제주도에서 촬영을 했다. 친동생과 가장 친한 친구와 함께하는 촬영이라 생애 첫 촬영이었음에도 불구하고 긴장하지 않을 수 있었다. 성격이 털털한 영주와 보라는 촬영을 하면서 금세 우리와 친구가 되었다. 자유로운 분위기에서 일정을 즐겼다. 게다가 유튜브 촬영할 때 고려해야 할 것들과 생각해야 할 것들을 익힐 수도 있었다. 촬영한 영상은 제주도관광공사 공식 유튜브 채널에 업로드되었다. 비록 작은 유튜브 채널이었지만 마치 데뷔하는 느낌이었다.

한 달 뒤에 보라와 영주한테 연락이 왔다.

"오빠, 우리 마카오 가자."

삼성카드 영랩에서 공모전을 하는데 30초짜리 영상을 만들어서 면접까지 합격하면 여섯 팀 정도를 뽑아서 마카오에 보내 준다는 것이었다. 마카오에 간 여섯 팀은 각자 마카오에 대한 영상을 찍어서 여행 영상을 만들고, 그중에서 우승팀을 가리는 공모전이었다.

우리는 제주도에서 손발을 맞춰 봤던 터라 일단 예선 통과는 무조건 가능하다고 생각했다. 휠체어를 타고 해외여행을 하는 것 자체가 소재로서 굉장히 특이하고 매력적이지 않은가. 마카오의 화려한 야경 속을 휠체어를 타고 가로지르는 그림이 그려졌다.

"그래, 우리 신청하자!"

우리 팀 이름은 '휠린 마카오(wheelin Macao)', '휠체어를 굴려서 마카오에 간다'는 뜻을 담았다. 우리는 예선전 영상을 만들어 인스타그램에 올렸다.

검정 화면에 강렬한 록 음악 소리가 점점 커진다. 텅 빈 차도로 잔뜩 성이 나 있는 차가 질주 욕구를 마구 뽐내며 으르렁하는 엔진 소리와 함께 나타난다. 차는 화면에 나타남과 동시에 브

레이크 소리를 내며 멈춘다. 핸들에 올려져 있던 운전자의 손이 머리카락을 넘기자 그의 강렬한 눈빛이 백미러를 통해 비친다. 차 문이 열리고 화면은 다시 꺼진다. 그리고 그 검정 화면에 타자를 두드리는 소리와 함께 문장이 나타난다.

'세상의 길이 모두를 위한 길이라면 비행기를 타지 않을 이유가 없다.'

다시 화면이 켜지며 위아래 빨간색 옷을 입고 휠체어를 타고 있는 한 남자가 차 문을 닫고 앞으로 나아간다.

이 영상을 인스타그램에 올렸고 반응은 뜨거웠다. 많은 사람의 응원의 댓글과 호평이 이어졌고 우리는 이 영상으로 당당히 예선전을 통과했다.

면접 당일, 교대역 근처에 있는 삼성카드 사옥에서 면접이 진행되었다. 예선을 통과한 팀들은 옷차림만 봐도 개성이 넘쳤다. 면접관들 앞에 우리 네 명이 나란히 있었다. 면접관들은 참가자 중 유일하게 휠체어를 탄 내가 팀에 있어서 그런지 조금 더 관심을 가지고 질문을 하는 것 같았다.

"지원 동기가 무엇인가요? 여행에서 어떤 내용을 담고 싶나요?"

"휠체어를 타고도 충분히 여행할 수 있고 즐길 수 있다는 것을 영상으로 보여 주고 싶습니다. 영상을 본 많은 사람들에게 용기를 전달하고 싶습니다."

그중 한 면접관은 휠체어를 타고 같이 여행하는 것이 어렵지 않겠냐는 질문을 했다.

"이미 휠체어를 타고 제주도와 일본도 여행 다녀와서 문제없습니다. 그런데 만약 저희가 이번에 마카오에 가지 못하더라도 괜찮습니다. 저는 조만간 유튜브 채널을 만들 예정이거든요. 앞으로 제 채널이 만들어지면 여러분 꼭 '구독'과 '좋아요', '알람설정' 부탁드립니다!"

며칠이 지나고 면접 결과 당일, 합격 여부가 인터넷 페이지를 통해 공개될 예정이었다. 나는 공개되기로 한 시간에 맞춰 결과가 나올 때까지 컴퓨터 앞에서 초조한 마음으로 계속 새로고침 버튼을 눌렀다. 그런데 최종합격 팀 명단에는 우리 팀 이름이 없었다. 무조건 합격일 것이라고 생각했는데…. 내가 면접에서 너무 건방을 떤 건 아닐까 후회했다. 가족들과 주변 친구들한테는 곧 마카오에 갈 예정이라고 말을 해놓은 상태라 사람들의 얼굴을 어떻게 봐야 할지…. 창피하고 부끄러움이 밀려들어 왔다. 심지어 그 주 주일날 교회에 가서 이렇게 기도했다.

'하나님, 제가 교만했습니다. 저를 용서해 주세요. 앞으로는 그러지 않겠습니다.'

뉘우치며 기도하긴 했지만 이렇게 기도하면 혹시라도 결과가 번복되진 않을까 하는 마음도 솔직히 있었다. 다음 날,

보라한테 전화가 왔다.

"오빠, 우리 마카오 간다. 힙걱한 한 팀이 마카오를 못 가게 되었는데 우리가 예비번호 1번이었나 봐. 우리 팀 갈 수 있냐고 연락이 왔네?"

"오! 대박! 무조건 가야지! 가자!"

망구, 영주, 보라와 한 팀이 되어 우리는 마카오에 갔다. 총 6개의 팀이 선정이 되어 3박 4일간 여행을 하며 영상을 찍었다. 심사위원들의 심사와 온라인 투표와 반응을 종합한 결과 우리 팀 영상은 6개의 팀 중 당당히 1위를 차지했다.

제주도 배리어 프리 여행 촬영과 마카오에서의 촬영 경험으로 나는 자연스럽게 카메라와 친숙해졌다. 생각지도 못한 기회들 덕분에 유튜브 채널을 시작할 수 있는 자신감도 쌓게 되었다.

최고의 별명

"얘들아, '위와 기적 공장' 어떠니? 위와 함께 기적을 계속해서 만들어 내는 공장인 거지."

"괜찮은데?"

"아빠, 그런데 '공장'을 회사 이름에 넣으면 물류센터처럼 보이지 않을까?"

"기적을 계속 찍어내는 느낌이라 의미는 정말 좋은데…."

아버지는 내 이름을 회사 이름에 꼭 넣고 싶어 하셨다. 아버지는 앞으로 내가 두 발로 다시 일어나길 바라는 마음에서 내 이름과 기적이라는 말이 꼭 들어가기를 바라셨다.

내가 운전하던 차 안에서 우리 가족은 아버지가 만들 드라마 제작회사 이름 짓기에 한창 열을 올리며 대화를 이어갔다. 여러 가지 이름 후보들이 오갔지만 딱히 와닿는 것이 없었다. 네 명 모두 고민에 빠져 침묵을 이어가던 중에 지우가 말했다.

"그러면 '기적'이라는 단어에 형 이름을 합치면 되겠네. 형

이름이 '박위'니까 '위'를 '미라클'이랑 합치는 거지. '위라클' 어때? 위라클팩토리."

"오! 좋다. 그리고 내 이름 '위'는 영어로 'we'이기도 하니까 '우리'라는 뜻도 있으니 위라클(WERACLE)이면 '우리의 기적'이라는 중의적인 뜻도 만들 수 있겠다. 아빠는 어때?"

"좋다. '위라클팩토리' 좋다. 오~ 박지우 천재!"

다 같이 박수가 저절로 나왔다.

"나중에 우리 회사 재단도 만들어서 앞으로 우리가 진짜 하고 싶은 좋은 일들도 많이 해보자."

아버지 회사 이름과 같이 유튜브 채널명도 〈위라클〉로 지었다. 채널명이 이렇게 순식간에 지어질 것이라고 생각지도 못했는데 정말 마음에 들었다. 내가 경험하고 있는 삶이 이미 기적임을 사람들에게 보여 줄 수도 있고 그 기적이 단지 나에게만 있는 것이 아니라 우리 모두에게 있다는 의미도 전달할 수 있다니… 이름을 이용해서 채널명을 이보다 더 완벽하게 만들 수가 있단 말인가.

내 이름은 어렸을 때부터 다양한 별명을 만들기 좋았다. 박쥐, 방귀, 바퀴벌레, 박위벌레, 박아래 등등. 내 이름은 다른 단어들과 합쳐져 변화무쌍하게 달라졌다. 친구들이 내 이름으로 장난을 많이 치기도 했지만 나는 특이하고 특별한 내 이름에 자부심을 느꼈고 충분히 만족하고 있었다. 그런데 '위라클'이라니. 지금까지 살아오면서 들었던 별명 중에 최고의 별명이었다.

진성이의 합류

〈위라클〉 영상이 시작될 때 인상적인 인트로 영상이 있으면 좋겠다고 생각했다. 휠체어를 탄 내가 화면 오른쪽 끝에서 왼쪽으로 이동하는 중에 장소가 중간중간 바뀌는 장면을 만들고 싶었다. 망구랑 같이 광화문을 돌아다니면서 장소를 바꿔가며 촬영을 했다. 원하는 영상들을 잘 찍기는 했지만, 막상 이 영상 클립들을 가지고 내가 상상한 장면을 어떻게 구현해내야 할지 막막했다.

그런데 때마침 진성이가 생각났다. 진성이는 20살에 사고로 전신마비가 된 청년이었는데 진성이 아버지의 연락으로 인연을 맺은 후 계속해서 연락을 주고받고 있었다. 진성이는 예전부터 축구 경기 주요 장면을 편집해서 유튜브 채널에 올리고 있다고 했는데, 갑자기 그 말이 떠올랐다. 그 말을 처음 들었을 때는 솔직히 대수롭지 않게 여겼다. 그래도 직접 편집한 경험이 있는 진성이한테 조언을 구하기 위해 전화를 걸었다.

"진성아, 내가 〈위라클〉 인트로로 만들 영상을 다 찍어 놓긴 했는데 편집을 할 줄 몰라서…. 방법이 있을까? 내가 지금 편집을 배우려면 시간이 오래 걸리려나?"

"형, 그 인트로 영상 제가 한번 편집해 봐도 될까요?"

"음… 그래! 한번 해볼래?"

진성이가 편집을 해보겠다는 말에, 솔직히 '손가락이 잘 움직이지도 않는데 편집을 잘 할 수 있을까?'라는 생각을 했다. 그래도 선뜻 도와주겠다는 말에 고마웠다. 두 시간이 지났을까. 진성이한테 벌써 편집을 다 끝냈다고 연락이 왔다. 별다른 기대 없이 진성이가 보내온 영상 파일을 클릭했다.

"……."

이럴 수가. 내가 머릿속으로 그려놨던 그림을 진성이가 그대로 영상으로 편집해 냈다. 기대하지 않고 맡겼는데 정말 마음에 들었다. 편집 경험이 겨우 몇 달인데도 불구하고 훌륭했다. 이 영상만으로도 진성이가 영상 편집에 대한 감각이 좋다는 것을 알 수 있었다.

"진성아, 너무 좋다. 고마워. 이제 이 영상에 노래 넣고 조금만 수정하면 되겠다. 그리고 진성아, 내가 첫 영상을 찍으면 그것도 네가 한번 편집해 볼래?"

"좋아요. 형."

채널명도 〈위라클〉로 잘 지었고 인트로 영상도 잘 만들었지만 첫 번째 콘텐츠를 기획하기가 너무 어려웠다. 첫 영상을 어떤 주제로 찍어야 할지 부담이 많이 됐고 고민도 많이 했다. 사람들의 뇌리에 박힐 수 있는 강력한 영상을 만들고 싶은 욕심이 컸기 때문이다. 그러나 시작조차 하지 않고 더 이상 생각만 할 수는 없었다. 고민을 하던 중에 '내가 위라클 채널을 만들게 된 이유'를 셀프 인터뷰 형식으로 찍으면 좋겠다는 생각을 했다.

첫 번째 촬영 장소는 우리 집. 어머니는 집을 예쁜 카페처럼 꾸며 놓으셨다. 적재적소에 분위기 있는 앤틱 가구들이 배치되어 있었다. 특히 노란색, 파란색, 초록색으로 칠해진 벽은 공간을 독특하게 만들고 더 빛나게 했다. 다음 날, 망구에게 또다시 도움을 요청했다. 나는 거실과 부엌 사이에 있는 공간에 자리를 잡고 의자에 옮겨 앉았다. 오래된 유럽풍의 가구들이 멋진 배경이 되어 주었다. 망구는 내 핸드폰 카메라 하나, 어머니 핸드폰 카메라 하나, 고프로 6 하나를 내 앞에 각각 거치했다. 카메라를 보고 혼자서 말을 하는 것이 어색하고 부끄러워서 말을 자주 버벅거렸다. 중간에 말이 꼬여서 다시 처음부터 찍기도 했지만 꾸역꾸역 첫 촬영을 마쳤다.

"진성아, 영상 보냈어. 기다릴게!"

영상을 보내고 기대하는 마음으로 편집본을 기다렸지만 초조하기도 하고 불안하기도 했다. 일주일이 지나고 편집 영상을 받았다. 조금 수정이 필요하긴 했지만 정말 마음에 들었다. 인터뷰 내용도 직접 줄여서 더 간결하고 전달력 있는 영상이 되었다. 완성된 영상을 〈위라클〉 채널에 처음 올리고 진성이한테 전화를 걸었다.

"진성아, 너 나랑 같이 〈위라클〉 채널 하지 않을래? 네가 〈위라클〉 채널 편집자가 되어 줬으면 좋겠어."

"좋아요 형. 저는 좋죠."

"진성아, 우리 둘이 이렇게 유튜브를 같이 하게 될지 누가 알았겠어. 정말 신기하다."

전신마비 진단을 받은 우리 둘의 세상을 향한 도전이 시작되었다.

위라클 빅뱅

〈위라클〉 채널을 시작한 지 한 달, 구독자 수가 약 1000명 정도 되었다. 그 이후 한 달간은 구독자 수가 거의 늘지 않았다. 그때 한 인터넷 신문사의 기자로부터 한 통의 메일이 왔다. 네이버 jobsN이라고 했는데 처음 들어본 데였다. 기자는 〈위라클〉 채널의 영상들을 보고 나서 감명받아 이 채널을 기사로 소개하고 싶다고 했다. 이 채널이 세상에 알려지면 나와 비슷한 처지에 있는 사람들에게 희망을 줄 수 있을 것 같아서 나를 인터뷰하고 싶다는 내용이었다.

네이버 jobsN이라는 곳을 잘 알지도 못했기 때문에 별다른 기대를 하지 않았다. 그저 기자와 인터뷰하는 것이 하나의 경험이 되겠다는 생각으로 승낙했다. 인터뷰 당일, 기자는 자신이 회사에 입사한 지 얼마 되지 않은 인턴기자라고 했다. 심지어 자신의 첫 기사로 나를 취재하러 왔다는 말도 덧붙였다. 인턴기자라는 말을 들으니 긴장감마저 풀려서 오히려 더

편하게 대화를 나누고 헤어졌다.

3주 후, 아버지가 연출한 JTBC 〈아름다운 세상〉 드라마 제작진들과 같이 괌으로 일주일간 여행을 가게 되었다. 2019년 6월 5일 오전 9시, 이륙 직전의 비행기에 앉아 있었다. 그런데 갑자기 내 핸드폰에서 진동이 계속 울려대기 시작했다. 카카오톡 메시지가 순식간에 수도 없이 쌓였다.

'위야, 기사 잘 봤어.' '나도 구독할게!' '정말 멋있다.'

알고 보니 얼마 전에 인터뷰한 내용이 인터넷에 올라온 것이었다. 사람들이 내 기사를 보고 연락을 해왔다는 사실이 그저 신기할 따름이었다. 그러고는 바로 〈위라클〉 채널에 들어가 봤다. 구독자 수를 확인해 보니 실시간으로 계속 오르고 있었다. 워낙 기대를 하지 않았었기 때문에 기사에 대한 반응으로 충분히 만족했다.

비행기는 4시간 반을 날아 괌에 도착했다. 비행기가 착륙하자마자 핸드폰을 켜니 사람들의 연락이 한가득 쌓여 있는 것이 아닌가. 〈위라클〉 채널에 들어가 보니 이륙 직전에 비해 구독자 수가 400명이나 늘어나 있었다. 1,800명이었던 구독자 수가 2,200명으로 늘어났으니 좋았다. 오랜만에 떠나온 휴가 첫날에 깜짝 선물을 받은 느낌이랄까. 숙소로 향하는 차 안에서도 구독자 수는 계속 오르고 있었다. 숙소에 도착할 때까지 한 시간 만에 무려 1,000명이 더 구독했다.

사실, 나는 〈위라클〉 채널을 시작할 때 구독자 수가 기하급수적으로 늘어날 것이라고 생각했다. 휠체어를 탄 나의 긍정 에너지가 영상으로 사람들한테 잘 전달된다면 구독 버튼을 반드시 누를 수밖에 없을 것이라는 자신감이 충만했다. 처음에는 예상대로 구독자 수가 1,000명 정도까지는 금방 올라갔다. 주변 사람들한테 강제로 구독을 하라고 요청하기도 했고 가족과 친구들의 도움을 잘 받았던 것 같다. 그러나 그 이후 〈위라클〉의 구독자 증가 추세가 급격히 꺾였다. 1년 안에 충분히 10,000명 이상 구독자 수를 확보할 수 있을 것이라고 떵떵거리고 다녔는데 10,000명은커녕 3,000명도 어려워 보였다.

숙소는 1층이어서 휠체어를 타고 충분히 테라스 밖으로 나갈 수 있었다. 테라스 밖으로는 넓고 푸른 잔디밭과 함께 에메랄드빛 바다가 반짝거리고 있었다. 강렬한 태양이 내리쬐고 있었지만 지붕 아래 그늘에서는 깨끗하고 선선한 바람이 불었다.

핸드폰으로 내가 좋아하는 CCM 곡 〈Our God〉을 크게 틀었다. 바이올린, 일렉기타, 드럼 소리가 어우러져 바람을 탔다. 은은하고 강렬한 가사를 따라 흥얼거렸다.

And if our God is with us, then what could stand against?
Then what could stand against?
하나님이 우리와 함께하신다면, 무엇이 우리를 대적하리오?
그렇다면 그 누가 우리를 대적하리오?

끝도 없이 펼쳐진 아름다운 바다를 바라보며 광활하고 거대한 자연 속에서 하나님을 느꼈다. 그분은 어딘가에서 언제나 나를 지켜 주고 있는 것 같았다.

"하나님, 감사합니다. 제가 생각하지도 못한 방법으로 〈위라클〉 채널을 알리게 해주셔서 정말 감사합니다."

5박 6일간의 괌 여행을 마치고 한국으로 돌아가는 비행기 안에서 확인해 보니 구독자 수가 6,000명이 되어 있었다. 그리고 이후 2주 동안 구독자 수가 꾸준히 늘어 30,000명이 넘게 되었다. 나의 힘과 노력에 의한 결과라고 말을 하기에는 설명이 되지 않는 상황이었다.

나는 병원에서 하나님에게 받은 비전이라고 믿었기 때문에 〈위라클〉 채널에 대한 확신이 있었다. 하지만 〈위라클〉 채널을 만들고 세 달 동안 별다른 반응이 없으니 나 혼자만의 착각이었나 싶었다. 그런데 예상하지 못한 방법으로 단기간에 많은 사람들에게 〈위라클〉이 알려지게 된 것이다.

단순히 숫자가 늘어서 기뻤던 것이 아니다. 나의 진심이 누군가에게 닿았다는 것이 기뻤다. 보이지 않는 불확실한 상황에서, 확신하고 있던 것에 대한 믿음이 흔들리고 있었을 때 그 진심은 조용한 외침이 되어 사람들에게 퍼져 나갔다. 그렇게 〈위라클〉의 빅뱅이 시작되었다.

기분 좋은 꿈

오늘은 12시간을 잤어요.
꿈을 꿨는데 끝도 없는 완만한 내리막길로
내려오고 있었어요.
꿈속에서는 원래 자주 걷는데
오늘은 휠체어를 타고 있었네요.
많은 분들이 제게 자신의 인생 내리막길에 대해
이야기합니다.
대부분 절망적인 이야기예요.
자신의 인생을 두려워하면서 말이죠.

휠체어를 타고 내리막길을 달리는 건
정말 신나는 일입니다.
아무런 힘을 주지 않고 즐기기만 하면 되죠.
내리막길의 끝이 인생의 종료 시점이 된다고 해도,
그 과정을 즐기는 건 여러분의 몫입니다.
행복은 그 길 곳곳에도 분명히 있거든요.

나의 첫 멘토

저장되지 않은 전화번호로 전화벨이 울렸다.

"여보세요."

"안녕하세요. 〈위라클〉 박위 씨죠? 저는 국토교통부에 박은주 사무관이라고 합니다."

발음이 굉장히 명확하고 신뢰가 느껴졌다. 당당한 커리어우먼 같은 목소리였다.

"이번에 저희 국토교통부에서 자율주행차 시승 홍보영상을 제작하려고 하는데요. 이 홍보영상에 박위 씨를 국민대표로 섭외하고 싶습니다."

어안이 벙벙했다. 아무리 〈위라클〉 채널 구독자가 많아져서 사람들한테 알려지고 있는 중이라 해도 구독자는 아직 3만 명이 조금 넘은 상황이었다. 그런 내게 국민대표라니…. 근래에 많은 섭외 연락을 받아 봤지만 그 어느 섭외 연락보다 최고로 존중받는 느낌이 들었다. 전화를 끊고 그 마음을 담아

문자를 보냈다.

"부족한 저를 좋게 봐주셔서 감사합니다."

"모든 것이 합력하여 선을 이루는 법이죠. 박위 씨를 국민 대표로 모시게 돼서 영광입니다. 의미 있는 촬영이 될 것 같아요. 촬영장에서 봬요."

크리스천인 것을 바로 알 수 있었다. '모든 것이 합력하여 선을 이룬다.' 내가 좋아하는 성경 구절 로마서 8장 28절의 내용이 문자에 포함이 되어 있었기 때문이다. 같은 크리스천이라는 마음에 이미 친밀감은 생겼으나 그 친밀감을 표현하는 것이 오히려 일을 불편하게 할까 봐 마음으로만 간직했다.

촬영장소는 경기도 화성에 있는 'K-city'. 자율주행차 주행 실험을 위해 만든 엄청난 규모의 가상도시였다. 촬영 당일, 내가 주차장에 도착하자 촬영팀, 국토교통부 관계자들, K-city 직원들이 나를 친절하게 맞이했다. 다양한 사람들이 내게 자신의 명함을 건넸다. 살면서 이렇게 많은 명함을 받아 본 건 처음이었다. 순간 감사한 마음과 설레는 마음으로 왠지 모를 뿌듯함이 느껴졌다.

홍보영상 촬영팀은 나의 동선을 따라다니며 자율주행차를 시승하는 모습과 그 과정을 촬영했다. 나는 자율주행차에 탑승하고 차가 스스로 주행하는 모습을 〈위라클〉 채널을 통해 실시간 라이브 방송으로 진행했다. 시승이 끝나고는 몇몇 외신기자들과 영어 인터뷰도 했다. 그리고 박은주 사무관은 촬영 내내 나의 컨디션을 체크하고 나를 챙겼다.

그날은 마치 내가 주인공이 된 듯한 기분이었다. 솔직히 국토교통부에서 만드는 홍보영상 촬영이라 딱딱하고 재미없을 줄 알았다. 그러나 막상 촬영을 해보니 모든 게 새롭고 흥미로웠다. 그저 오늘 하루에 대한 감사한 마음으로 가득 채워졌다. 〈위라클〉 채널이 앞으로 다양한 분야에서 쓰임 받을 수 있겠다는 확신과 자신감이 생겼다.

시간이 지나고 촬영분은 멋진 홍보영상으로 완성되었다. 박은주 사무관으로부터 전화가 왔다.

"박위 씨 덕분에 정말 만족스러운 홍보영상이 만들어졌어요. 출연해 주셔서 다시 한번 감사드려요. 그리고 박위 씨의 출연료는 저희가 할 수 있는 최대로 책정했습니다."

당시 내 기준에 굉장히 큰 금액을 제시했다.

"저한테요? 저는 아직 그렇게까지 받을 정도는 아닌 것 같은데요?"

"박위 씨가 생각했을 때 그 출연료가 크다고 생각하면 그 수입의 일부를 좋은 곳에 기부하세요. 박위 씨가 합당한 출연료를 잘 받아야 뒤를 이을 박위 씨와 비슷한 사람들이 대우를 잘 받을 수 있을 겁니다."

온몸에 소름이 돋을 정도로 멋있는 답변이었다. 평소에 공무원에 대한 꽤나 부정적인 생각이 머릿속에 강하게 자리 잡고 있던 터라 생각지도 못한 대답에 한동안 입을 다물지 못했다. 출연료를 많이 받게 되어서가 아니라 박은주 사무관의 생각의 깊이가 느껴져서 감탄할 수밖에 없었다.

"그리고 박위 씨가 받는 출연료는 결코 많지 않아요. 〈위라클〉 채널에서 실시간으로 영상 라이브 송출도 하셨잖아요. 그리고 저희 국토교통부에서는 이 영상을 서울역사, KTX, 전철 등 여러 곳에서 6개월 이상 송출할 예정이기 때문에 마땅히 받아야 하는 금액입니다. 오히려 부족한 것 같아서 미안해요."

이 프로젝트를 진행하면서 박은주 사무관이 프로페셔널하게 일하는 방식과 그녀의 가치관, 그리고 사람을 존중하며 대하는 태도에 반해 버렸다. 비록 사회에서 일을 하면서 만났지만 앞으로도 개인적으로 친분을 유지하고 배움을 얻고 싶었다. 그래서 나는 이 프로젝트가 완전히 끝날 때까지 기다렸다가 참아왔던 말을 뱉었다.

"사무관님, 앞으로 저의 멘토가 되어 주실 수 있을까요?"

"아이고, 멘토라니요. 감사해요. 저도 박위 씨와 같은 청년을 알게 돼서 정말 감사하고 기뻐요. 언제든 연락 줘요."

국토교통부 자율주행차 시승 홍보영상은 KTX, 전철, 고속도로 휴게소 등 각종 매체에서 약 1년 이상 송출되었다. 그리고 이 광고는 그 해 오스트리아에서 열린 공공정책 국제광고제 '혁신기술' 분야에서 수상을 하게 되었다.

뜻밖의 휴가

 평화로운 겨울 저녁, 컴퓨터 앞에 앉아 〈위라클〉 채널용 영상 컷 편집을 하고 있었다. 어머니는 부엌에서 요리를 하고 계셨고 아버지는 안방 화장실에서 기억이를 씻기고 계셨다. 갑자기 둔탁하고 기분 나쁜 굉음이 들렸다. 굉음과 함께 심각한 고함소리도 났다. 분명히 집 안에서 나는 소리였다. 소리가 끝나기 무섭게 집에 불이 꺼졌다.
 고함소리는 안방 쪽에서 들렸기에 그곳에서 큰일이 벌어졌음을 직감했다. 별일이 아니길 간절히 바라는 마음으로 거실로 나갔다. 안방에 가까워질수록 마치 폭포가 흐르는 듯한 소리는 점점 크게 들리기 시작했고 이미 물이 안방 문을 통해 거실까지 넘쳐흐르고 있었다. 정전이 되어 있는 상태였지만 물이 흐르는 양이 너무 많아서 얼핏 봐도 심각한 상황임을 알 수 있었다. 아버지는 웃통을 벗은 채 머리부터 발끝까지 흥건히 물에 젖은 상태로 기억이를 안고 뛰어나오셨다. 어머니는 놀라서 바로 안방으로 들어가시더니 소리치셨다.

"어머! 어머! 어떡해!!"

안방 화장실 천장이 내려앉아서 물이 폭포수처럼 떨어지고 있다고 했다. 불이 들어오지 않는 어둠 속에서 어머니와 아버지는 필사적으로 가구들을 물이 닿지 않은 부엌 쪽으로 옮기기 시작하셨다. 우리 집은 나무로 된 앤틱 가구들이 많았기 때문에 물에 닿으면 금방 썩을 수도 있는 상황이었다.

나는 젖어 있는 기억이를 무릎에 올려놓고 황급히 119에 전화를 걸었다.

"지금 이촌동 ○○아파트 ○○호인데요, 물난리가 났어요. 빨리 좀 와주세요! 그리고 제가 휠체어를 이용하는 장애인이거든요. 최대한 빨리 와주세요!!"

순간적으로 '장애인'이라는 단어를 강조해서 위급한 상황임을 더 알리고 싶었다.

"부모님이 계시면 좀 바꿔 주시겠어요?"

너무나 황당한 대답이었다. 나는 화가 나서 소리쳤다.

"아니 제가 성인이고요. 빨리 좀 와주시라고요! 정전이 돼서 아무것도 보이지 않고 물이 폭포수처럼 떨어져서 온 집 안이 물로 차고 있어요!"

"일단 부모님을 바꿔 주세요."

이해가 되지 않고 혈압이 머리끝까지 오르는 느낌이었다. 장애인이라는 이유로 의사소통이 잘 되지 않을 것이라고 생각하는 것일까. 이 급박한 상황에서 부모님을 바꿔 달라니…. 너무 짜증이 났다. 게다가 휠체어를 타고서는 아무 도움도 줄 수 없는 내 자신에 너무 화가 나고 좌절감을 느끼고 있던 터였다. 현관문 앞에서 물에 젖어 추위에 떨고 있는 기억이를 안고 잠깐 동안 뇌가 정지된 것 마냥 거실을 바라보고 있었다. 그런 나를 발견한 위층에 사는 김미구스가 수건으로 기억이를 덮어 주더니 바로 거실로 뛰어 들어갔다.

나도 곧 정신을 차리고 생각나는 친구들에게 전화를 걸었다.
"집에 물난리가 났어! 그냥 빨리 좀 와 줘. 너무 심각하다."
우리 아파트 복도 전체에 사이렌 소리가 울려 퍼졌다. 이 소리를 들은 김미구스의 부모님, 17층에 사시는 다니엘 어머님, 아랫집 유정이 어머님과 다른 층에 사는 많은 이웃들이 우리 집에 들어왔다. 마치 자신들의 일인 것처럼 물을 퍼 나르고 가구를 옮기기 시작했다.

이런 복잡한 상황에서 휠체어를 탄 내가 거실에 있으면 방해가 될 수밖에 없었다. 그래서 일단 기억이를 안고 16층 혜수네 집에 올라가서 대기했다.

'내 몸이 온전했다면… 이 상황을 누구보다 더 잘 해결할 수 있었을 텐데….'

이런 끔찍한 재난의 상황에서 바라만 보고 있어야 하는 나의 마비된 몸이 너무 밉고 싫었다. 불안한 마음으로 가슴을 졸이며 걱정을 하다가 다시 집으로 내려갔다.

물난리의 원인이었던 터진 밸브를 고치지 못해서 물은 계속 폭포수처럼 새어 나오고 있었다. 천장에는 물이 고여 스며들었고 심지어 안방과 거실 천장에서는 황토색의 녹물이 줄줄 새어 나오고 있었다. 사람들은 온 집 안에 가득 차 버린 물을 계속 퍼내고 있었다. 마치 영화 〈기생충〉에서 나왔던 물난리 장면처럼 처참한 상황이었다.

혼잡하고 분주한 가운데 아까 전화로 부탁을 했던 친구들이 보였다. 학교에서 강의 준비를 하고 있었던 임정준, 논현동 집에서 잠자고 있었던 다니엘, 밖에서 시간을 보내고 있던 욱진이, 호주로 워킹홀리데이를 갔다가 5년 만에 한국에 돌아온 몽키, 교회에서 기도를 하고 있던 남수 형은 이미 우리 집에 도착해서 녹물과의 전투를 벌이고 있었다. 친구들은 나를 보자마자 나의 속상한 마음을 아는 듯 괜찮으냐며 다독였다. 그날 친구들은 모두 우리 집에 끝까지 남아서 새벽까지 물을 다 빼내고 정리했다.

다들 건장한 체구를 가진 친구들이었기에 보는 것만으로도 굉장히 든든했다. 무엇보다 내 전화 한 통에 달려와 준 친구들에게 너무나 고마웠다. 그들은 내게 특급 구급대원이었다. 내게 이런 친구들이 있다는 것에 정말 감사했다. 친구들 덕분에 어머니와 아버지의 짐을 조금이나마 덜어 드린 것 같아서 육체적으로 도와드리지 못해 불편했던 내 마음도 조금 위로가 되었다.

밤 12시가 넘어서야 거실의 물을 다 빼내고 집 안이 어느 정도 정리가 되었다. 그러나 집 안의 바닥, 벽지, 천장을 모두 교체하는 공사를 할 수밖에 없는 상황이었다. 불행 중 다행이었던 것은 윗집에서 공사를 하다가 생긴 문제였음을 인정했다는 것이다. 집 안 전체를 수리하는 공사비와 그 공사 기간 중 나와서 생활해야 할 숙소 비용은 윗집에서 부담하기로 했다. 그래도 집 안 전체를 공사하려면 집에 있는 모든 가구와 집기, 옷들을 다 빼내야 했기에 이사를 한 번 하는 것이나 다름없었다.

우리 가족은 거의 한 달 이상의 시간을 숙소에서 지내다 와야 하는 처지가 되어 버렸다. 육체적으로 너무 힘들고 정신적으로 지칠 수밖에 없는 상황에서 부모님이 말씀하셨다.

"위야, 하나님이 우리 가족에게 휴가를 주셨나 보다. 네가 다치고 우리 가족이 마음 놓고 휴가를 간 적이 없었는데 하나님이 특별히 기회를 주셨나 봐."

동생의 결혼식

"형이 내 결혼식 사회를 봐 줬으면 좋겠어."

지우가 결혼식을 4개월 정도 앞두고 내게 말을 툭 건넸다.

"내가? 친동생 결혼식에서 친형이 결혼식 사회를 보는 경우가 있나?"

살짝 당황해서 질문을 했지만 지우의 표정은 이미 답이 정해져 있었다.

"형, 난 처음부터 내 결혼식의 사회자는 형이라고 생각했어."

동생의 결혼식에서 사회를 본다는 것에 부담이 느껴지기도 했지만 인생에 딱 한 번뿐인 지우의 결혼식에서 특별한 기억으로 남을 수 있는 기회이기도 했다. 그런데 문득 이런 생각이 머리를 스쳤다.

'아, 내가 입을 양복은 어떡하지?'

휠체어를 타고 난 뒤로는 양복을 한 번도 입어 본 적이 없었다. 휠체어에 앉아 기성 양복 재킷을 입으면 배 아랫부분이 굉장히 이상하게 접히고 주름이 생겨서 옷태가 나지 않기 때문이었다. 평소에 옷을 몸에 맞게 예쁘게 입는 걸 좋아했던 나로서는 용납이 되지 않았다. 그래서 휠체어에 앉아도 옷 모양이 그나마 유지되는 맨투맨 티나 후드 티 정도를 자주 입었다. 그런데 며칠이 지나고 때마침 한 브랜드에서 휠체어를 탄 사람에 맞춰 디자인을 한 감색 양복을 선물하고 싶다고 연락이 왔다. 기가 막힌 타이밍이었다.

지우가 내게 사회를 부탁한 뒤로 시간은 빠르게 흘렀다. 사회자 대본을 작성하기 위해 책상에 앉았다. 친구들의 부탁으로 결혼식 사회를 본 경험이 몇 번 있었기에 긴장이 되는 것은 아니었다. 그런데 막상 친동생의 결혼식에서 사회를 본다고 생각하니 무슨 말을 하는 게 좋을지 고민이 됐다.

막막한 마음에 핸드폰의 사진첩을 열었다. 지우와의 추억이 담긴 과거 사진이라도 보면 대본에 쓸 만한 영감이 떠오르지 않을까 하는 마음이었다. 사진을 보다 보니 문득 침을 흘리며 아장아장 걸었던 어린 시절의 귀여운 지우가 머릿속에 그려졌다.

'지우 진짜 내가 참 예뻐했는데… 벌써 이렇게 다 커서 나보다 먼저 장가를 가 버리다니….'

자연스레 침흘리개 시절의 지우를 지긋이 추억하게 됐다.

"위야, 지우는 이미 다 큰 애 같았어. 엄마가 진짜 얼마나 고생했는지 몰라."

지우는 무려 4.1kg의 몸무게에 이미 머리가 까맣게 많이 자란 상태로 세상에 나왔다고 한다. 지우는 어릴 때부터 또래 아이들보다 딱 머리 하나가 더 있을 정도로 키가 커서 어딜 가나 눈에 띄었다. 큰 키와 덩치와는 다르게 지우는 의외로 굉장히 순했다. 지우가 자기 손에 집히는 물건을 침을 흘리면서 빨고 있던 모습이 아직도 기억에 선하다.

어머니는 가끔 우리 형제의 어릴 적 이야기를 해주시곤 했다.

"위 네가 어렸을 때 낮에 친구들이랑 밖에 놀러 나가면 저녁이 돼서도 집에 잘 안 들어왔어. 그래서 엄마가 해가 떨어지면 너 찾으러 정말 많이 돌아다녔거든. 그러던 어느 날, 또 네가 집에 오지 않아서 걱정이 됐지. 네가 우산도 없이 나갔는데 갑자기 밖에서 비가 많이 내리는 거야. 그런데 그 당시는 지우가 태어난 지 얼마 안 되었을 때라 고민했어. 10개월 된 아이를 혼자 두고 너를 찾으러 나갈 수가 없잖아? 고민 끝에 좋은 방법이 떠오른 거야. 거실 바닥 전체에 새우깡을 쫙 뿌렸어. 그리고 지우를 거실에 놓고 나갔지. 한 시간 만에 너를 찾고 집에 같이 들어왔는데 지우가 울지도 않고 기어 다니면서 거실에 뿌려져 있던 새우깡을 먹고 있는 거 있지? 진짜 순하디 순했어 지우는."

그리고 어머니는 미소를 머금고선 꼭 이 장면도 같이 설명하셨다.

"위야, 네가 지우를 끔찍이 아꼈어. 밖에서 지우랑 같이 다닐 때면 네 두 팔을 뻗어서 지우를 뒤에서 감싸 안듯이 보호하면서 엉거주춤하게 걸었지. 너도 굉장히 어렸지만 동생이 걱정되었나 봐. 참 기특하지. 지나가던 사람들이 그런 네가 귀여워서 말을 걸면 넌 이렇게 대답했어. '제 동생이에요. 정말 예쁘죠?'"

어렸을 때 지우를 정말 좋아했다. 지우가 너무 귀여워서 볼에 뽀뽀세례를 매일 하는 것은 물론이고 학창 시절 내내 방을 같이 써서 잠을 잘 때도 항상 안고 잤던 기억이 난다. 지우가 초등학교 6학년이 돼서야 뽀뽀를 하지 않게 되었는데 그 이유는 지우의 키가 176cm까지 자라서 더 이상 귀엽게 느껴지지 않았기 때문이다.

지우는 몸이 성장하는 속도만큼 모든 영역에서 다 빨랐다. 태어난 지 9개월 만에 걷기 시작했고 10개월 만에는 말도 하기 시작했다. 언어 능력이 워낙 뛰어나서 다양한 표현들을 곧잘 구사했다.

어느 날 이태원에서 지우가 어머니의 손을 잡고 돌아다니다가 길거리에서 풍선을 파는 것을 발견했다. 그래서 어머니한테 풍선을 사 달라고 졸랐지만 어머니는 끝내 풍선을 사 주시지 않았다. 당시 세 살이었던 지우가 말했다.

"풍선 사 줘! 풍선 사 줘! 제기랄!"

마침 아버지가 캠코더로 우연히 이 장면을 담아내셨다. 이 장면은 우리 가족이 두고두고 추억하는 최고의 이야깃거리 중 하나다. 그 꼬마 아이가 어떻게 '제기랄'이라는 표현을 기가 막히게 응용하여 사용했는지는 아직도 의문으로 남아 있다. 우리 가족은 욕을 하지 않기 때문에 더더욱 신기하고 재미있던 기억이다.

세 살 때는 클래식 음악을 틀어 주면 스피커 앞에 앉아서 몇 시간이 지나도록 일어나지 않고 들었는데 단순히 음악을 좋아하는 정도가 아니었다. 지우는 공부뿐 아니라 음악적으로도 탁월한 감각이 있었다. 친척들이 집에 모이면 클래식 음악을 틀어놓고 세 살짜리 꼬마 지휘자가 되어 지휘하는 시늉을 했다. 중학생이 되어서는 기타를 직접 독학해서 어려운 연주들도 스스로 훌륭하게 해냈다. 대학생 때는 방에 전자

피아노를 가져다 놓고 하루에 수 시간씩 독학으로 연습하더니 몇 주 지나지 않아 집 안 곳곳에 피아노의 감미로운 선율이 울려 퍼졌다.

누가 시키지 않아도, 누가 가르쳐 주지 않아도 지우는 스스로 공부하기를 좋아했다. 게다가 뭐든지 하나에 집중하면 끝을 보는 성향이라 집중하기 시작하면 앉은 자리에서 문제집을 무섭게 다 풀어냈다. 별다른 사교육 없이 초, 중, 고등학교에서 항상 최상위권 성적을 유지했는데, 그래서 우리 가족은 '지우가 스스로 컸다'는 말을 많이 한다.

지우는 내게 언제나 자랑스러운 동생이었다. 그러나 그런 지우한테도 마음에 들지 않는 부분이 있었다. 나는 지우와 같이 생활하면서 지우의 방을 대신 청소해 주기도 하고 밥도 자주 차려 줬다. 지우를 챙겨 주는 것은 내게 당연한 일상이었다. 그래서였을까. 지우는 생활하는 면에서는 수동적인 성향을 많이 나타냈다. 본인 방을 청소하거나 집에서 나온 쓰레기들을 버리러 나가기를 자처하지 않았다. 누군가가 잔소리를 하고 화를 내야 몸을 움직였다. 본인이 해야 한다는 필요성을 느낄 때만 행동을 하는 지우의 모습을 볼 때면 가끔은 얄밉기도 했다.

지우가 성인이 되고 나서 점점 서로의 생활 속에서 차지하는 비중이 자연스레 줄어들었다. 그러다 보니 생활 습관에 관여하기는 조금 더 껄끄러워졌다. 지우와 나는 친밀하기도

했지만 여느 형제와 다름없이 집에서는 스치듯 보는 20대를 보내게 되었다.

그러던 28살의 여름, 내가 전신마비로 병원 생활을 하게 된 것이다. 과거의 생활을 회상하니 지우가 자신의 시간을 다 포기하고 병원에서 나를 쭉 지켜 줬던 시간이 더욱더 절실하게 다가왔다. 지우가 이기적이라고 생각할 때도 있었는데…. 그런 생각을 했던 내 자신이 부끄럽고 지우한테 너무나 미안했다.

결혼식 당일, 휠체어에 앉아도 몸에 딱 맞는 감색 양복을 입고 사회를 봤다. 코로나 시기였지만 발 디딜 공간도 없이 많은 분들이 와주셨다.

"잠시 후 신랑 박지우 군과 신부 이수빈 양의 결혼식이 시작될 예정이오니 모두 자리에 착석해 주시기 바랍니다."

나의 목소리로 결혼식이 시작되었다. 지우의 결혼식은 내게 좋은 기회였다. 모든 사람 앞에서 지우가 학교를 휴학하고 6개월 동안 24시간 내내 나를 간병하며 내게 오롯이 헌신했던 것에 대한 고마움을 전달할 수 있는 기회. 나는 내가 써온 대본을 차분히 읽어 내려갔다.

"지우야, 형이 갑자기 다쳐서 네가 여러 가지로 힘든 점이 많았을 것 같아. 네가 내 옆에서 지켜 주고 보살펴 줬기 때문에 내가 이렇게 건강하게 잘 생활할 수 있게 되었어. 내가 너에게 보답할 수 있는 방법은 이 모든 사람 앞에서 다시 일어서는 것이라고 생각해. 그리고 지우야…"

목이 메었다. 말을 이어나가기 어려웠다. 전신마비가 되어 버린 형 때문에 일상에서 많은 것을 포기할 수밖에 없었던 지우가 서 있는 모습에 그동안 느꼈던 미안한 감정이 휘몰아쳤다.

우리 형제가 출연한 채널A 〈아이콘텍트〉라는 프로그램에서 지우는 내게 고백한 적이 있다. 내가 다치고 중환자실에서 사경을 헤매고 있을 때, 병원에 찾아오는 많은 사람들이 지우한테 한결같이 말했다고 했다.

"지우야, 여기서 너는 무너지면 안 돼. 네가 강하게 버텨야 돼. 부모님은 네가 보살펴야지. 마음 단단히 먹어."

형이 다쳐서 너무너무 힘들고 고통스러워 눈물이 나는데, 가슴이 찢어질 듯이 힘이 드는데, 사람들 앞에서 지우는 눈물을 흘릴 수가 없었다고 했다. 자신이 무너지는 모습을 부모님 앞에서도 보여 줄 수 없었다. 그래서인지 지우한테는 우울증이 찾아왔다고 했다. 그런데도 단 한 번도 가족들한테 티를 낸 적이 없었다.

그날 고백했던 지우의 말이 떠올라서 밀려오는 눈물을 주체할 수 없었다. 사람들은 내 독백의 빈 공간을 박수 소리로 채워 주었다. 나는 호흡을 가다듬고 힘차게 내뱉었다.

"사랑하고 결혼 축하한다!"

지우야, 난 영원히 네 편이야. 사랑한다.

번아웃

자정이 넘은 깊은 밤, 아파트에 주차를 하고 휠체어에 옮겨 앉고 있는데 멀리서 덩치가 좋고 키가 굉장히 큰 사람이 내가 있는 방향으로 터벅터벅 걸어오고 있었다. 한밤중이라 많이 어두워서 잘 보이지는 않았으나 얼핏 보이는 걸음걸이나 모습만 봐도 내가 아는 사람은 아님을 알 수 있었다. 다만, 그 정체불명의 사람이 나를 향해 걸어오고 있는 것은 분명했다. 그가 점점 빠른 걸음으로 다가오자 살짝 경계심이 생기기도 했지만 지우가 내 옆에 있어서 안심이 되었다.

우리 앞의 가로등 불빛이 닿는 곳에 그가 다다르자 내 또래쯤 돼 보이는 키가 크고 모델 같은 훤칠한 그의 모습이 뚜렷하게 보였다. 그는 나와 눈이 마주치자 미소를 지으며 말했다.

"안녕하세요! 〈위라클〉 박위 씨죠?"

순간 조금은 당황했지만 평소에도 길을 가다 보면 구독자

분들이 알아보고 내게 말을 거는 경우가 종종 있었기 때문에 나름 차분하게 웃으며 대답했다.

"네, 맞습니다. 안녕하세요."

"와… 제가 걷다가 박위 씨 차를 보고 혹시나 해서 가까이 와봤거든요. 아니나 다를까 차에서 휠체어를 꺼내시는 모습을 보고 박위 씨 같아서 걸어왔어요. 저 〈위라클〉 채널 정말 잘 보고 있습니다. 오늘 낮에도 〈위라클〉 영상 봤어요. 제 인생에 새로운 희망을 주신 분을 만나서 정말 신기하네요!"

그는 나를 우연히 마주친 것이 신기했는지 약간 들떠 보였지만 이내 자신의 목소리를 가다듬으며 말을 이어나갔다.

"저는 5년 전에 목 디스크가 터져 전신마비가 된 채로 1년 동안 누워서 지냈어요. 그 당시에 저는 마비가 된 제 삶을 받아들일 수 없었어요. 삶을 포기하고 싶을 정도로 정신적으로나 육체적으로 너무 힘들고 고통스러웠지요. 그래도 저는 시간이 지나면서 조금씩 몸이 좋아져 다행히 걸을 수 있을 정도로 회복되었지만 만족할 수 없었어요. 예전의 제 모습으로 다시는 돌아갈 수 없다는 부정적인 생각들만 머리에 가득 찼어요. 가족들은 제게 힘이 되려고 했지만 저는 오히려 가족들 앞에서 제 삶을 마치 포기한 것 마냥 행동했죠. 그런 저 때문에 저희 부모님과 아내는 많이 괴로워했어요. 저는 결국 사랑하는 제 부모님과 아내에게 씻을 수 없는 큰 상처를 줬습니다."

그는 담담하게 자신이 겪은 이야기를 말했으나, 가족에 대한 이야기가 나오자 눈시울이 붉어졌다.

"그런데 어느 날 우연히 〈위라클〉 채널의 박위 씨 영상을 보고 충격을 받았어요. 나랑 비슷하게 힘든 상황인데, 아니 나보다 훨씬 더 힘든 상황인데도 불구하고 어떻게 저렇게 사람이 밝고 긍정적일 수 있는지 도무지 이해가 되지 않았죠. 영상을 보면서 제 자신을 반성하게 되었어요. 박위 씨처럼 감사한 마음을 가지고 살아야겠다고 생각했죠. 이제는 삶의 태도를 바꾸려고 노력하고 있어요. 그래서 오늘도 운동하려고 나온 거예요. 정말 감사합니다. 제게 큰 힘을 주셔서…"

그는 열심히 운동하고 재활한 덕에 이제 거의 완벽하게 걸을 수 있고 뛰는 것도 가능하다고 했다. 〈위라클〉 채널을 보고 삶을 다시 생각하게 되었고, 긍정적인 마음을 가지고 살아갈 수 있게 되었다고 했다. 그는 나와 기념으로 사진을 찍고 마지막으로 악수를 청한 뒤 말했다.

"제가 음식점을 하는데 나중에 한번 전화 주고 꼭 들러 주세요. 제가 맛있게 해드릴게요! 앞으로도 힘내세요! 응원할게요!"

사실, 그날도 내게 힘든 하루였다. 이미 몇 주 전부터 내 몸과 마음은 지칠 대로 지쳐 있었다.

약 1년간 〈위라클〉 채널을 운영하면서 믿을 수 없을 정도로 놀랍고 감사한 일들을 많이 경험했음에도 불구하고 미래에 대한 불안함과 걱정이 가득했던 시기였다.

〈위라클〉 채널을 처음 개설했을 때는 주변 사람 그 누구도 큰 기대를 하지 않았다. 그러나 〈위라클〉 채널의 구독자 수는 모두의 예상을 깨고 빠르게 늘어났다. 2019년 2월 26일에 첫 영상을 업로드하고 약 4개월이 채 지나지 않아 구독자 수가 약 3만 명을 넘어섰다. 그로 인해 각종 언론사와 지면, 영상 인터뷰를 했고 여러 TV 방송에 출연을 했으며 관공서, 정부기관, 기업 등으로부터 의뢰를 받아 영상 제작도 하게 되었다. 항상 온갖 다양한 스케줄로 가득 차 있어 주말에도 쉴 수 있는 날이 없을 정도로 정신없이 바쁘게 지냈다. 〈위라클〉 채널의 구독자 수는 꾸준히 늘어 1년이 되기 전에 10만 명 정도가 되었고 〈위라클〉 채널은 미래마저 장밋빛으로 보장된 것만 같았다.

그러나 2020년 2월, '코로나 19'가 전 세계를 뒤덮었다. 엎친 데 덮친 격으로 집에 물난리가 나서 한 달간 공사에 들어가게 되어 어쩔 수 없이 레지던스에 머물게 되었다. 그로 인해 영상을 촬영하기 쉽지 않은 환경에 놓이게 되어 〈위라클〉 채널에 영상을 자주 올리지 못했고, 결국 〈위라클〉 채널은 오랜 기간 정체기에 빠지고 말았다. 그나마 간간이 올리는 영상의 조회 수마저 이전 영상들에 비해 굉장히 저조했다.

그러다 보니 영상을 올리는 날이면 〈위라클〉 채널 구독자 수와 해당 영상의 조회 수에 집착하고 신경이 곤두 서 예민

해졌다. 올라간 영상이 반응이 좋고 조회 수가 많이 올라가면 마음이 가벼워지고 신이 났지만 조회 수가 생각보다 좋지 않을 때는 하루 종일 신경 쓰여서 하루에도 수백 번씩 핸드폰으로 조회 수를 확인했다. 특히, 사람들에게 힘이 되려고 열심히 기획해서 만든 영상임에도 불구하고 다른 채널의 의미 없고 자극적이기만 한 영상들의 조회 수가 내 영상에 비해 훨씬 높으면 힘이 쭉 빠지고 의욕을 잃어버리곤 했다. 그리고 항상 내 머릿속은 어떻게 해야 조회 수와 구독자 수를 늘릴 수 있을지에 대한 생각으로 가득 차 있었다.

영상을 보는 사람들에게 일상의 소중함과 감사한 삶에 대해 외치고 희망을 전하고 있었으나 정작 나는 삶에 대한 감사를 잃어버리고 숫자에 얽매인 삶을 살아가고 있었다.

그렇게 숫자에 지쳐 정신적으로 어려움을 겪고 있던 중에 우연히 그를 만났던 것이다. 그는 초심을 잃고 있던 내게 〈위라클〉 채널을 처음 시작했을 때의 목적과 정신을 다시금 떠올리게 했다. 나는 그를 만나고 나서 영상의 조회 수 1회를 단순히 숫자 1이 아니라 한 사람의 생명으로 볼 수 있게 되었다.

우리 모두에게 기적이 일어나는 세상

〈위라클〉 채널을 개설하고 처음으로 올린 영상 '내가 휠체어를 타고 있는 이유'에서 나는 사람들에게 말했다.

"만약 이 영상을 보는 분들 중 현재 어려움을 겪고 있거나 힘든 마음을 가진 분들이 있다면 누구든지 연락을 주세요. 그러면 제가 같이 고민하고 최선을 다해 답장을 드리겠습니다."

이 영상을 올리고 생각보다 많은 사람들로부터 연락이 왔다. 그 당시만 하더라도 간간이 오는 연락에 대해서는 부족하지만 나름 최선을 다해 답장을 했다. 그리고 내 마음속에 '이분은 꼭 만나야겠다'는 생각이 들면 번호를 공유하고 시간을 내서 직접 찾아가 이야기를 나누기도 했다.

영상에는 수많은 댓글들이 달렸고 많은 사람들이 내 개인 이메일과 SNS 메시지를 통해 연락을 해왔다. 그들은 본인의 개인사에 대해 가감 없이 글로 털어놓았는데 가정폭력, 학대, 왕따, 부부싸움, 직장 문제 등 다양한 이야기를 적어 보내

왔다. 심지어 월세가 밀려서 돈을 빌려 달라는 사람도 있었다. 아마 나와 실제로 아는 사이가 아니어서 그런지 오히려 더 편하게 본인의 이야기를 써 보내오는 것 같았다.

어느덧 나 혼자서는 도저히 모든 사람에게 일일이 답장을 할 수 없는 상황이 되어 버렸다. 그중 어떤 사람들은 왜 답장을 보내지 않느냐고 내게 원망하며 화를 내기도 하고 친구가 되고 싶으니 막무가내로 연락을 달라고 번호를 남기기도 했다. 이렇게 수많은 사람들의 메시지를 대체 어떤 기준을 세워서 선별하고 답을 해야 할지 전혀 감이 잡히지 않았다. 누군가에게는 답을 하고 누군가에게는 답을 안 한다는 것은 그들을 불공평하게 대하는 것처럼 느껴졌다. 첫 영상에서 사람들과 한 약속을 점점 지킬 수 없게 되자 내 마음은 어려워지기 시작했다. 정말 순수한 마음으로 도와주고 싶어서 한 말이었지만 물리적인 한계에 부딪혀 버리니 이 상황이 버겁게만 느껴졌다. 그리고 깊은 고민에 빠지게 되었다.

'앞으로 구독자는 더 늘어나고 사람들의 연락은 더 많아질 텐데, 나는 사람들과 어떻게 소통해야 할까? 어떻게 하면 그들에게 도움이 될 수 있을까?'

사실, 아직 명확한 해결 방법을 찾지 못했다. 어쩌면 〈위라클〉 채널에서 그 해답을 찾을 수 있지 않을까?

이 문제는 결코 나 혼자서 해결할 수 있는 것이 아님을 깨달았다. 왜냐하면 이 세상은 '나' 혼자가 아닌 '우리'가 더불어 살아가는 곳이기 때문이다. 전신마비 진단을 받아 두 손과 두 다리가 자유롭지 못한 나조차도 다른 사람에게 희망과 도움이 될 수 있는 것처럼, 우리 모두는 누군가에게 반드시 도움이 될 수 있다고 생각한다.

그렇다면 〈위라클〉의 구독자들이 서로 연대하고 여러 팀을 이뤄 어려움에 처한 다양한 사람들을 직접 만나 위로하고 희망을 품게 된다면 어떨까?

나는 꿈꾼다. 더불어 사는 세상을…. 우리 모두에게 기적이 일어나는 세상을….

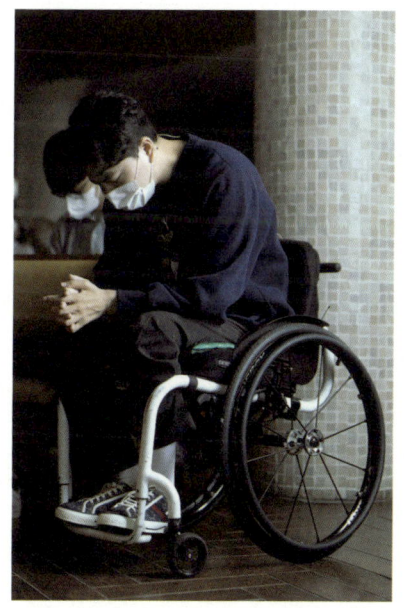

위라클 WERACLE

구독

구독자 38.2만명·동영상 196개

WE + MIRACLE = WERACLE >

🧑 딱 1년 전에 사업이 순식간에 추락하면서 극단적인 선택을 하고 싶다는 생각에 빠져 있을 때가 있었습니다. 그때 위 님의 영상을 보게 되었고 제 스스로가 너무 부끄러웠습니다. 그 이후로 지치거나 잠깐의 고난에 빠질 때 위 님을 생각합니다. 그리고 말씀하신 것처럼 저에게 주어진 것들에게 기쁨을 찾으려고 노력했습니다. 언젠가 반드시 꼭 만나 뵙고 제 인생을 바꾸셨다고 감사하다고 전하고 싶어요. 언제나 영상 감사하게 보고 있습니다.

🧑 저는 제가 불행하다고 생각했습니다. 억울하다고 생각했습니다. 하루하루 죽고 싶다는 생각으로 가득 차 아무것도 할 수 없는 날도 있었습니다. 그런데 이제는 안 그러려고요. 저는 앞으로 행복하게 살아갈 거예요. 어떤 상황이건 내가 할 수 있는 일을 하고, 안 좋은 상황이 닥쳐도 그 속에서 감사함을 찾을 거예요.

🧑 위 님! 처음으로 댓글 답니다. 사실 저도 다리를 조금 절면서 걷는 사람입니다. 저 역시도 나이는 계속 먹어가는데 작은 돌부리에 걸려 넘어질 때마다 수없이 좌절했습니다. 나는 왜 이럴까 하는 근본적인 질문부터 나름대로의 긍정적인 생각까지. 하지만 박위 님의 영상을 보고 스스로 많이 반성하고 되돌아보게 되었습니다. 나를 사랑하지 않았구나 하는 생각도 들고 생각의 전환이 필요하다는 것도 느꼈어요. 지친 마음에 큰 힘이 되었습니다. 감사합니다.

- 저는 1살 때 음주운전, 무면허인 사람이 낸 교통사고로 하반신 마비가 됐습니다. 휠체어를 타다 보니 어딜 가나 눈에 안 띌 수가 없어 주목받는 걸 싫어하고 그러다 보니 성격도 소심지지더라고요. … 그러던 중 위라클 영상을 보면서 위 님의 항상 당당하신 성격과 긍정적인 마인드 또 도전이 멋있으면서 부럽고 언젠가는 나도 해봐야지 하는 용기를 얻어요!

- 오늘 희귀병 진단받고 왔거든요. 두 아이의 엄마인데, 저는 박위 씨와는 반대로 운동신경을 하나하나 잃어가다 몇 년 내로 죽게 되는 병이래요. 정신은 멀쩡한 채로요. 한참 울다가 위라클 영상을 봤는데 위 씨 모습을 보면서 다짐했어요. 남은 기간 긍정적으로 살겠다고요. 내 마음대로 몸을 컨트롤할 수 없더라도, 마지막 순간까지 아이들에겐 최선을 다하는 엄마의 모습을 보여 주고 싶어요. 그 모습이 얼마나 아름다운지 제가 위라클을 보고 느꼈으니까요.

- 극심한 우울증 때문에 다 내려놓고 죽으려고 했는데… 우연히 보게 된 위라클 때문에 새로 맘 먹고 다이어트도 성공해서 106kg에서 현재 79kg입니다. 더 빼려고 노력 중이고요… 일단 내 바닥난 자존감을 올리기 위해 작은 것부터 시작 중입니다. 감사합니다.

- 난소암 말기 환자랍니다. 세 번째 재발로 심각한 수술한 지 석 달, 항암도 포기, 그러나 님 덕분에 저도 절망하지 않고 "우리 모두에게 기적을"이라고 외치며 용기 냅니다!

- 1년째 정신과 치료를 받고 있는데 많이 느끼고 갑니다. '나는 왜 평범하게 못 살지'보다 '오늘은 무사히 운동도 운전도 했구나. 감사하다'라고 생각하니 행복하네요.

- 저도 박위 님처럼 사지 마비 환자인데 오늘 다친 지 딱 1년 되는 날이에요. … 다치고 나서 초반에 정말 힘들었는데 힘들 때마다 박위 님 영상 보면서 많은 힘을 얻었고 덕분에 여기까지 버텨온 것 같아요. 20년을 걷다가 못 걷는다는 것이 아직도 믿기지 않고 힘들지만 걸을 날만을 희망하며 같이 힘내요.

사랑의 원리

IMF가 한국에서 터졌을 때
저는 영국 유학 생활 중이었어요.
그럼에도 어머니는 저희보다 어려운 한인 유학생이라든지
이민 온 가족들에게 늘 진심으로 베푸셨어요.

당시 초등학생이었던 저는
어머니의 행동이 이해되지 않았어요.
저희 집 사정도 어려웠거든요.
저는 어머니께 따졌어요.
"왜 우리 집 음식을 다 나눠 주는 거야?"
그러나 어머니는 항상 밝게 웃으시기만 했어요.

형편이 더 어려워지자
저희는 한국으로 돌아오게 되었지요.
그런데 세월이 흐른 후 어머니께서 영국을 가시면
현지 한인분들이 저희 어머니를 공항까지 데리러 오시고
서로 집에 모시려고 했어요.

그렇게 어머니의 대가 없는 나눔은
더 큰 사랑으로 되돌아왔어요.
큰 깨달음이었어요.
저는 어머니의 삶을 동경했어요.
그렇게 저도 어머니처럼 살도록 노력했죠.
그 결과 제 삶은 소중한 인연들로 풍요로워졌어요.

사랑을 베풀면
더 큰 사랑이 되어 찾아온다고 확신합니다.
각자 지금의 자리에서
우리의 도움이 필요한 사람들에게
그 사랑을 실천해 보면 어떨까요?

part 6

우리 모두에게 기적을

인생을 바꾼 한 번의 만남

인스타그램으로 한 통의 메시지가 도착했다.

안녕하세요. 저는 대구에 사는 23살 남자입니다. 며칠 전, 고등학생인 제 동생이 교통사고로 목이 부러져서 전신마비 진단을 받았어요. 당장 너무 힘들고 앞으로 어떻게 해야 할지 모르겠어요. 병원은 어디로 가야 하는지, 재활은 어떤 식으로 해야 하는지…. 너무 힘든 상황에서 우연히 〈위라클〉 채널을 통해 형을 알게 되어서 혹시나 하는 마음에 연락드렸습니다.

이 메시지를 보자마자 동생 지우가 떠오르면서 가슴이 너무 아팠다. 어떻게든 도움이 되어야겠다는 생각이 들어 전화번호를 남겼고 곧 앳된 남성의 긴장한 목소리가 전화기 너머로 들려왔다.

"제 동생은 MMA 이종격투기 선수를 하는 180cm의 건장한 체구를 가진 아이예요. 동생이 요즘 오토바이를 타고 새벽 기도를 매일 다녔는데요. 3차선에 있던 차가 갑자기 제 동생이 달리는 1차선으로 와서 동생이 그 차를 피하려다 가드레일을 박고 멀리 날아갔어요. 그래서 제 동생 목이 완전히 부러졌어요…."

울먹임을 참아 보려는 듯한 말투였으나 울음은 그의 의지와는 다르게 새어 나오고 있었다. 그의 흐느낌은 내 마음속에 슬픈 물결이 되어 다가왔다. 나는 어떤 말로 위로를 해야 할지 도무지 떠오르지 않아 머릿속이 복잡해졌다. 그래도 침착한 척 차분히 질문했다.

"아이고… 지금 많이 힘들겠어요. 동생분이 혹시 경추신경 몇 번이 손상되었나요?"

"경추 4, 5번 완전마비예요. 동생이 앞으로 괜찮을까요? 형님처럼 좋아질 수 있을까요?"

"……"

순간 어떻게 반응을 해야 할지 몰랐다. 경추신경 4, 5번이 손상되면 재활이 잘 되더라도 의학적인 판단으로는 손가락은커녕 손목에 힘도 거의 줄 수 없을뿐더러 팔조차 사용하는 것이 어렵다. 나는 그에게 헛된 희망도 줄 수 없었고 그렇다고 의학적 지식에 근거하여 섣불리 동생의 미래를 예측하는 말은 더더욱 할 수가 없었다.

"지금 동생 간병은 누가 하고 있죠?"

"저희 어머니께서 동생 곁에 계세요. 제가 저희 집 가장이 거든요. 그래서 저는 일 때문에 쉬는 날에만 동생을 보러 갈 수 있는 상황입니다."

숨이 막히는 것 같았다. 23살의 어린 나이에 집을 경제적으로 돌봐야 하는 것도 모자라 하나뿐인 동생마저 전신마비가 되었다는 사실은 너무나 가혹하게만 느껴졌다.

'아니, 하나님, 도대체 왜요? 왜 하필 새벽기도를 가는 아이가 교통사고가 당해야 하죠? 하나님, 이건 너무하잖아요? 대답해 보세요!'

나는 너무 화가 나 마음속으로 하나님께 따졌다. 그리고 내가 현재 가족의 품에 편안히 있다는 사실마저도 그 친구한테 너무나 미안하게 느껴졌다.

"저도 처음에는 전신마비 진단을 받았어요. 의사 선생님은 저한테 손가락도 움직이지 못할 것이라고 했죠. 의학적 진단은 진단일 뿐이에요. 지금 저 봐요. 이렇게 많이 회복되었잖아요? 지금은 동생의 정신적 상태와 의지가 중요한 시기예요. 무조건 긍정적인 생각으로 무장해야 해요. 그리고 동생 스스로 반드시 좋아진다는 믿음을 가질 수 있도록 가족들의 사랑과 응원이 필요합니다. 그리고 형이 절대 지치면 안 돼요. 힘들겠지만 이제 굳건하고 강인한 모습을 보여 줘야 해요."

최대한 그에게 안정을 주고 싶어서 계속 말을 이어나갔다.

"그리고 저를 그냥 편한 이웃 동네 형이라고 생각하고 언제든지 힘든 일이 있거나 무슨 일이 생기면 전화하거나 문자 해요. 그리고 제가 대구에 내려갈 일이 있으면 꼭 동생 만나러 갈게요. 약속할게요."

그는 울고 있었다. 아마도 힘들고 서러웠던 감정들이 한꺼번에 복받쳐 올라온 것 같았다.

"네… 감사합니다. 형."

"내가 형이니까 이제부터 반말로 말할게. 진짜 편하게 생각하고 연락해. 절대 부담 갖지 말고. 알겠지?"

이렇게 전화를 끊었지만 마음이 편치 않았다. 지금도 충분히 힘든 그에게 강인해야 한다는 부담감마저 지게 한 것 같아서 미안했다. 그때 그에게 문자가 왔다.

'형, 제가 삼 일째 울기만 했는데 형이랑 전화하고 나니 힘이 나요. 감사합니다.'

그의 이름은 준하라고 했다. 그 뒤로 그에게 종종 문자가 왔다. 동생과 면회한 이야기, 동생의 현재 상태, 자신의 상황 등을 알려 주었다. 나는 빠른 시일 내에 대구에 꼭 가야겠다는 생각을 했다.

며칠 후, 내 간절한 바람을 하나님이 아셨는지 신기하게도 대구의 한 교회에서 다음 달 집회에 간증자로 초청하고 싶다고 연락을 해왔다. 나는 교회와 일정을 잡자마자 바로 그에게 전화를 걸었다. 다행히도 내가 대구에 가는 날에 그와 시간이 맞아 그의 동생이 입원해 있는 영남대 병원에서 만나기로 약속을 했다.

약속한 당일 오후, 영남대 병원 본관 정문에서 밝지만 어두운 미소를 띤 준하가 나를 맞이했다. 6인실 병실에 들어가 보니 창가 쪽에 준하의 동생 준상이가 꼬리뼈 욕창을 예방하기 위해 등을 한쪽으로 돌리고 누워 있었다. 준상이는 목을 돌릴 수 없어 등 뒤로 나를 흘낏 보며 밝은 웃음으로 인사를 건넸다. 그의 웃음에서는 분명히 희망이 느껴졌으나 오히려 내 마음을 더 안타깝게 할 뿐이었다. 그는 골격이 좋고 키가 커서 발이 침대 끝에 닿을 정도였지만 몸을 움직이지 못해 상체와 하체의 근육이 빠져 앙상하게 말라 있었다. 그의 모습을 보니 마치 과거에 입원해 있었던 나의 모습을 보는 것만 같아서 안쓰러운 마음마저 들었다.

'예전에 병원에 누워 있었던 나를 보던 사람들의 마음이 지금의 내 마음 같았을까?'

경추 6, 7번인 나보다 더 심각하게 다친 준상이에게 단순히 "앞으로 좋아질 거야"라고 주제넘는 말을 할 수 없었다.

"준상아, 의사 선생님은 나한테 손가락도 절대 움직일 수 없을 것이라고 말했어. 그런데 지금 이렇게 좋아졌잖아? 지금은 반드시 좋아질 것이라는 희망을 가져야 해. 그리고 무엇보다 너의 의지와 정신력이 가장 중요해. 우리 같이 이겨내자!"

그 후 약 1년여의 시간이 지난 어느 날, 어떤 한 사람으로부터 인스타그램 메시지를 받았다. 대구에 본인이 입원해 있는 병원에서 척수신경이 손상된 어린 학생이 '위라클 형'을 병원에서 만났다면서 자신도 '위라클 형'처럼 반드시 좋아질 것이라고 믿으며 재활하고 있다는 이야기였다. 난 바로 대구에서 만났던 준상이를 떠올렸고 예전에 저장해 놓은 그의 번호로 전화를 걸었다.

  1년 만에 전화를 했지만 어색함 없이 대화를 주고받았다. 무엇보다 준상이의 목소리에서는 밝고 긍정적인 기운이 느껴졌다.

  "처음에 다쳤을 때, 전신마비가 되었다는 사실이 받아들여지지 않았어요. 그래서 가끔은 너무 힘들어 죽고 싶다는 생각도 했어요. 중환자실에 있다가 일반병실로 나왔을 때도 거의 두 달간은 죽이나 미음만 먹었거든요. 그런데 진짜 웃긴 건 제가 두 달 만에 치킨을 처음 먹고 난 후에 살아야겠다는 생각을 한 거예요. 치킨이 심각하게 맛있었거든요."

  준상이는 웃으며 말을 이어나갔다.

  "사실, 처음에 형이 저한테 온다고 했을 때는 제 마음에 여유가 없었는지 별로 탐탁지 않았어요. 그런데 휠체어 생활을 하면서도 밝게 지내는 형의 이야기가 궁금하긴 했죠. 형을 막상 만나고 나니 의지가 생겼어요. 생각이 완전히 바뀐 거죠. 저도 행복하게 살 수 있을 것이라는 희망이 생겼거든요. 형이 떠난 뒤로 〈위라클〉 채널을 보면서 나도 반드시 혼자 휠체어를 밀어야겠다고 생각했어요. 의사 선생님은 전동 휠체어를 타야 한다고 말씀하셨는데 저는 수동 휠체어를 고집했어요. 결국 세 달 전부터는 병원에서 혼자 휠체어를 밀고 다녀요."

준상이의 말을 듣자마자 마음이 벅차올랐다. 불과 1년 전에 그는 팔도 전혀 움직이지 못하고 어깨만 겨우 들썩거릴 수 있었는데 이제는 직접 휠체어를 밀 수 있게 되다니…. 전혀 예상하지 못한 결과였다. 그의 1년간의 노력과 의지가 고스란히 전해졌다.

"가끔 병원에서 저와 비슷한 또래의 젊은 친구들이 척수신경 손상으로 인해 휠체어를 타는 경우를 봐요. 그들 대부분이 표정도 어둡고 삶에 대한 의욕이 전혀 없어 보여요. 그 친구들을 보면 굉장히 안타까운 마음이 들어요. 저는 형이 제게 와 줘서 그때부터 생각이 완전히 바뀌었거든요. 그 한 번의 만남이 인생을 바꿀 수 있다는 것을 알게 되었어요. 저도 다음에 기회가 있다면 그런 사람들에게 꼭 찾아가서 힘과 도움을 주는 사람이 되고 싶어요."

그의 강한 의지가 담긴 밝은 목소리는 바쁘고 지쳐 있던 내 마음속에 용기를 불어 넣었다. 1년 전 전신마비 진단을 받은 준상이는 정신적으로 이미 일어나 있는 듯했고 앞으로 수많은 사람들에게 희망을 줄 수 있는 사람이 될 것이라는 확신이 들었다.

저도 사람들을 찾아가는 사람이 되고 싶어요

어느 날, 울산에 사시는 한 목사님으로부터 연락이 왔다.

"안녕하세요. 김태양 목사님 소개를 받고 전화드렸어요. 우리 아들이 아직 많이 어린데 위 형제처럼 목이 부러졌어요. 처음에는 금방 좋아지겠거니 하고 가볍게 생각했죠. 그런데 시간이 지나도 호전되는 속도가 너무 더디었어요. 그래서 우리 아들처럼 척수신경이 손상된 사람들이 어떻게 살고 있는지 알아봤어요. 주변 사람들을 통해서 물어 물어 직접 수백 명의 척수가 손상된 사람들한테 전화해 봤습니다. 척수손상 환자들의 가장 큰 커뮤니티인 네이버 '척수야 사랑해'라는 카페에서도 얼마나 검색을 많이 했는지 모릅니다. 그런데 그 수백 명의 사람들 중에 마비된 몸이 많이 호전된 사람은 거의 없었어요. 얼마나 절망했는지 몰라요. 우리 아들의 미래가 훤히 보이더라고요. 마음이 너무나 힘들고 괴로울 때 위 형제 페이스북을 보게 되었어요. 그런데 위 형제는 달랐어요. 전혀 마비된 사람처럼 보이지 않았어요. 마비된 몸으로 혼자 헬스장에 가서 운동도 하고 운전도 하고…. 무엇보다 위 형제 표정이 정말 밝은 거예요. 희망이 생기더라고요. 우리 아들도 위 형제처럼 될 수 있지 않을까? 그래서 꼭 연락해 보고 싶었습니다."

목사님의 목소리는 어둡고 절망적이었지만 아들에 대한 실낱같은 희망을 부여잡고 계셨다.

나는 사고 후에 재활하는 영상이나 몸이 호전되는 상황을 지속적으로 페이스북에 기록했다. 나는 다른 경추신경손상 환자들에 비해 상대적으로 몸이 많이 호전되고 있었기 때문에 어떤 사람들은 나를 '슈퍼경추'라고 부르기도 했다.

목사님과는 그날 이후로 하루에 1시간에서 2시간 정도를 거의 매일 통화했다. 목사님은 나와 통화를 할 때마다 이것저것 고민들을 털어놓으셨다.

"저는 목사라서 어디에 편하게 말할 수가 없어요. 교인들한테도 말할 수 없고 아내한테도 말할 수 없죠. 제 마음을 털어놓을 데가 없더라고요."

목사님은 조그마한 공간에서 샤워하는 것조차 힘들다고 하셨다. 폐쇄된 공간에 있으면 숨이 너무 막힌다며…. 그리고 주일 예배를 위한 설교마저도 준비가 잘 되지 않는다고 하셨다. 목사님의 목소리는 항상 너무 힘이 없고 걱정과 근심이 가득해 보였다.

나는 모태신앙인으로서 어렸을 때부터 교회를 오래 다녔기 때문에 목사님이라는 존재를 특별하게 생각했다. 하나님과 가까운 존재, 인간 이상의 존재라고 생각했던 것 같다. 그런데 목사님과 2주 이상 매일 하루에 2시간 이상씩 통화를 하다 보니 미래에 대한 걱정이 가득하기만 한 모습이 조금 답답하게 느껴졌다.

"아니, 목사님 이제 제발 믿음을 가지세요."

그런데 목사님과 통화를 하면 할수록 내 눈에는 목사님이 그저 전신마비가 된 한 아이의 아버지로 보였다. 목사님이 너무 안타까워 그분에게 힘이 되고 싶었다. 그래서 나는 혼자 울산으로 가기로 마음을 먹었다. 휠체어를 타고 있는 내가 혼자서 울산으로 비행기를 타고 날아간다면 목사님에게 큰 희망이 될 것이라는 확신이 있었다.

사실, 사고 이후 처음으로 혼자 비행기를 타 보는 것이었기 때문에 긴장도 많이 됐지만 반드시 비행기에 혼자 올리야만 했다. 나에게도 하나의 큰 도전이었다. 기도하는 마음으로 울산으로 향했다.

울산공항으로 목사님이 마중을 나오셨다. 목사님은 나를 반겨 주셨지만 표정에는 근심과 걱정이 가득 차 있었다. 목사님과 나는 아들이 입원한 병원으로 향하며 평소에 전화로 얘기했던 것처럼 대화했다.

"진성아, 너를 보러 여기까지 서울에서 비행기 타고 온 형이다."

사고 후 병원에 처음 입원해 있을 때의 나의 모습이 이렇지 않았을까. 20살의 불긋한 여드름이 있는 앳되고 잘생긴 얼굴의 진성이는 손가락도 움직이지 못하고 상체의 힘도 많이 부족해 보였다. 척추뼈 안에 있는 척수신경이 머리와 가까운 부분에 손상될수록 몸에 더 심각한 마비를 일으킨다. 진성이는 경추 4, 5번을 다쳤기 때문에 경추 6, 7번을 다친 나에 비해 더 많은 부위가 마비된 상황이었다.

진성이는 억지스러운 미소를 지으며 나와 인사를 나눴다.

"진성아, 형 옆에 한번 붙어 봐라. 사진 한방 찍자."

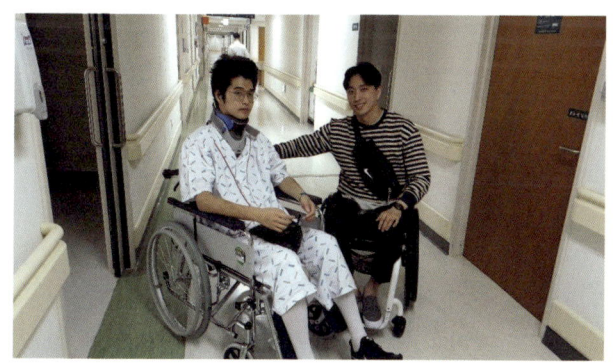

186cm의 모델같이 긴 기럭지에 주먹만 한 얼굴, 살인미소까지 장착한 20살 진성이는 여름에 휴가차 친구들과 펜션에 갔다. 친구들과 오랜만에 함께하는 여행의 기분에 한껏 취해 있었다. 그날 새벽, 더위를 식히기 위해 다이빙 자세를 취하고 힘차게 달려 수영장 물속으로 뛰어들었다.

'퍽' 하는 소리와 함께 진성이는 물 위로 시체처럼 떠올랐다. 친구들은 진성이가 장난을 치는 줄 알고 오히려 그가 물 밖으로 나왔을 때 놀라게 해주려고 곳곳에 숨었다. 그런데 진성이는 시간이 지나도록 물에서 나오지 않았다. 미동도 없이 물 위에 계속 떠 있는 모습을 뒤늦게 발견한 친구들은 바로 물속으로 뛰어들었다. 즉시 물에서 건졌으나 이미 그는 심장이 멈춰 있는 상태였다. 친구들은 인공호흡과 심폐 소생술을 시도했지만 진성이는 아무런 반응을 보이지 않았다. 10여 분 후 도착한 119 구급대원이 심장 제세동기를 이용해 심폐 소생술을 실시했다. 가까스로 진성이의 심장이 다시 뛰기 시작했다.

알고 보니 수영장의 물 깊이가 너무 얕아 진성이가 물속으로 다이빙을 했을 때 머리를 바닥에 부딪혔던 것이다. 그 순간 그의 목이 꺾이면서 목뼈가 골절되었고 바로 정신을 잃은 상태로 온몸이 마비가 되어 버린 것이었다.

진성이는 병원에 옮겨져 응급수술을 받았다. 의사는 그가 전신이 마비가 되어서 앞으로는 영원히 걸을 수 없을 것이라고 했다.

"전신마비가 된 것보다도 더 심각한 상황입니다. 환자의 뇌가 주름이 없을 만큼 너무 많이 부어 있어요. 의식이 다시 돌아올 가능성이 거의 없을 겁니다. 만약 기적적으로 깨어나더라도 심각한 뇌 손상을 입었기 때문에 절대 예전처럼 정상적인 상태로 돌아올 수 없을 거예요. 언어 장애가 오거나 말을 못 할 수도 있습니다."

그러나 의사의 예상을 뒤엎고 진성이는 정확히 3일 만에 눈을 떴다. 눈은 떴으나 기도삽관을 하고 있었기 때문에 의사소통을 할 수가 없는 상황이었다. 진성이 부모님은 진성이의 뇌가 손상되었기 때문에 입에 있는 호스를 빼더라도 정상적인 대화는 불가능할 것이라고 생각했다.

며칠 뒤 진성이는 입에 물고 있던 호스를 제거했다.

"엄마, 나 카드 값 안 냈는데 큰일 났다."

진성이의 어머니는 그 순간 눈물을 흘렸다. 아들의 정신이 온전하고 심지어 정확한 발음으로 말을 할 수 있다는 사실에 감격한 것이다.

진성이는 다행히도 뇌에 손상이 없는 상태로 깨어났지만 의사의 소견대로 전신이 마비되어 휠체어를 타고 생활을 하게 되었다.

나는 울산 병원에서 진성이를 만난 뒤로 진성이와 지속적으로 연락했다. 내가 재활하면서 느꼈던 어려운 부분이나 도움이 될 만한 것들에 대해 적절한 조언을 해주고 싶었다. 재활 과정에서 경험했던 실패들을 하지 않을 수 있도록 도와주고 싶었다. 진성이는 나보다 조금 더 나은 방향으로 재활하기를 바랐다.

진성이가 서울에 있는 재활병원에 입원해 있을 때는 친구들과 차를 가지고 가서 진성이를 병원 밖으로 데리고 나오기도 했다. 병원에만 계속 있다 보면 병원 생활에서 벗어나기가 두려워질 수 있기 때문에 진성이를 데리고 쇼핑몰을 같이 가기도 하고 서울 시내를 드라이브하기도 했다. 무엇보다 진성이가 가족들의 도움 없이 스스로 생활할 수 있는 의지를 가질 수 있도록 노력했다.

사실, 진성이는 시간이 지나도 나처럼 손가락이 좋아질 기미가 보이지 않았다. 의학적으로도 나보다 더 많은 부분이 마비가 된 상황이라 좋은 예후를 기대하기 어려운 상황이었다. 그럼에도 불구하고 진성이에게는 몸의 제약과 생각이 한계를 넘어설 수 있는 믿음과 용기가 필요했다.

"진성아, 우리 같이 일어나자. 절대 포기하지 말자. 나도 이렇게 좋아졌잖아."

시간이 흐르고 진성이는 말했다.

"형, 저는 퇴원을 하고 사람들의 시선이 늘 신경 쓰였어요. 엘리베이터를 타는 것조차 두려웠죠. 엘리베이터를 타면 사람들이 저만 쳐다보는 것 같고 저를 왠지 불쌍하게 바라보는 것 같더라고요. 그런데 형이 휠체어를 타고 당당하게 돌아다니는 모습을 보고 용기를 얻었어요. 그래서 저도 세상에 나가서 몸으로 직접 부딪치려고 노력했죠. 밖에 자주 나가고 친구들도 많이 만나다 보니 이제는 휠체어를 타고 생활하는 것이 당당해지더라고요.

저는 휠체어를 타고 있는 지금 상태로도 충분히 가치 있는 삶을 살 수 있다고 생각하게 됐어요. 이 시간이 제게는 연단의 시간이고 더 나은 삶을 위해 준비되는 시간이라는 것을 깨닫게 되었어요. 전 지금 정말 행복해요."

진성이는 마지막 말을 덧붙였다.

"형이 저를 찾아왔던 것처럼 저도 사람들을 찾아가는 사람이 되고 싶어요."

이제 진성이는 〈위라클〉 채널 편집을 담당하며 나와 함께 희망을 전하고 있다.

다른 사람에게 희망이 되고 싶어요

어느 날, 인스타그램 피드에 아무 사진도 올라와 있지 않고 프로필 사진도 없는 사람으로부터 장문의 메시지가 왔다.

안녕하세요. 저도 박위 님처럼 사고로 인해 걷지 못하고 휠체어만 타고 다니는 여자예요. 우울하고 남들 앞에 서는 게 너무 두렵고 집에 누워만 있으면서 어떻게 하면 한 번에 빠르게 죽을 수 있을지 생각하면서 살고 있어요. 그러던 중 우연히 인스타그램을 보다가 알게 되어 실례를 무릅쓰고 연락드려요. 그런데 박위 님의 사진을 보면 사고로 휠체어를 타시게 된 것 같은데 어떻게 그렇게 밝고 당당하게 살고 있는지 너무 궁금해요. 그리고 잘 이해가 되지도 않아요….

쪽지를 보낸 사람을 파악할 수 있는 정보는 전혀 없었지만 왠지 모르게 그 글 속의 진실함과 간절함이 내게 고스란히 전달되었다. 정보가 없는 사람에게 함부로 전화번호를 남기는 게 살짝 찜찜하기도 했지만 그래도 어떻게든 도움이 되어야겠다는 마음으로 답장을 보냈다.

010-XXXX-XXXX으로 연락 주세요.

얼마 지나지 않아 그 사람으로 추정되는 모르는 번호로 문자가 와서 바로 전화를 걸었다. 힘이 없고 자신감이 없어 보이는 대학생쯤 돼 보이는 가냘픈 여성의 목소리가 들려왔다. 나는 그녀가 내게 최대한 편하게 이야기를 할 수 있도록 몇 마디의 말들로 밝은 분위기를 조성하려 노력했다. 다행히도 그녀는 나지막한 목소리로 자신의 이야기를 차근차근 말하기 시작했다. 얼마 지나지 않아 그녀는 자신의 상황에 대한 생각으로 감정이 복받쳤는지 서서히 흐느끼기 시작했다. 얼굴, 이름, 나이도 모르는 사람이 첫 통화 중에 눈물을 흘리니 솔직히 조금 당황스러웠지만 그녀의 서러움이 울음소리에 서려 있었기에 마음이 아팠다.

그녀의 이야기는 이러했다.
그녀가 23살이 되던 해, 평소처럼 아르바이트를 하고 걸어서 집을 가던 중에 갑작스러운 교통사고로 왼쪽 발목이 분쇄 골절되었다. 허벅지에서 살을 많이 떼어내서 왼쪽 발목에 피부이식 수술을 했다. 수술 후에는 고열에 시달리다가 급성 패혈성 쇼크로 정신을 잃고 중환자실에 입원하게 되었다. 중환자실에서는 혈압이 떨어져 장기 기능이 멈춰서 신장투석을 해야만 했다. 강심제를 사용해도 심장이 약하게 뛰어서 손끝까지 혈액이 공급이 되지 않아 왼쪽 검지손가락이 괴사가 되어 절단을 했다.

원래 그녀는 키 170cm에 몸무게는 49kg인 건강한 체형이었는데 중환자실에서 그녀의 몸무게는 33kg까지 빠져 버렸다. 팔을 움직일 수 있는 힘마저 없어졌다. 담당 의사는 가족들을 불러 모아 그녀의 삶이 얼마 남지 않았다며 마음의 준비를 하라고 했다. 그런데 그녀의 몸 상태가 기적적으로 조금씩 미세하게 좋아지기 시작했다. 그녀의 몸은 죽을힘을 다해 살아내려고 하고 있었던 것이다.

4개월간 펼쳐진 죽음과의 전쟁에서 가까스로 이겨내고 일반병실로 왔지만 의사는 분쇄 골절된 발목으로는 절대 걸어서는 안 된다고 했다. 영원히. 그녀 안에서는 앞으로의 삶에 대한 비관적 생각들과 우울한 마음들이 가득 차오르기 시작했다. 자신의 몸 상태를 그 누구에게도 알리고 싶지 않았고 심지어 친구들과의 연을 다 끊어 버리겠다고 다짐했다. 퇴원하고 나서도 집에서 휠체어를 타야만 했고 가족들의 도움 없이 생활하기 어려웠으며 삶은 점점 무기력해져만 갔다. 그녀는 집에서 이따금씩 어떻게 하면 한 번에 죽을 수 있을까도 생각했다.

그러던 어느 날, 문득 이런 생각을 했다.

'세상에 나 같은 사람이 또 있을까?'

그녀는 인스타그램에서 '휠체어'를 검색하다가 박위를 알게 되었다. 그리고 휠체어에 앉아 자신감이 넘쳐 보이는 박위라는 사람은 대체 무슨 생각을 하며 생활하는지 궁금해졌다.

여기까지 이야기를 들은 나는 그녀를 만나야겠다고 생각했다. 있는 그대로의 나의 모습을 보여 줌으로써 그녀의 삶에 위로가 되고 위안이 되고 싶었다. 한편으로는 자극을 주어 삶에 대한 의욕을 고취시키고 자신감을 심어 주고 싶었다. 그래서 우리는 만나기로 했다.

약속 당일, 그녀는 언니와 함께 약속 장소에 미리 나와 있었다. 아직 앳된 하얗고 작은 얼굴을 한 그녀는 휠체어에 앉아 있어도 키를 충분히 짐작할 수 있을 정도로 커 보였다. 무엇보다 굉장히 말라 연약해 보이는 몸이 눈에 확 들어왔다. 그녀의 이름은 유소영. 첫인사를 할 때만 약간의 미소를 머금었을 뿐 살짝 긴장되고 우울한 기운이 풍겼다.

처음에는 꽤 어색한 공기가 흘렀지만 우리는 대화를 시작했다. 소영이는 휠체어에 앉아서 돌아다닐 때면 사람들의 시선이 두려워 땅만 보면서 가고, 만약 앞을 보더라도 사람들이 걷는 모습을 보면 너무 부럽고 걷고 싶어서 울컥한다고 했다.

6. 우리 모두에게 기적을

그녀와 나의 몸 상태를 절대적으로 비교할 수는 없으나, 솔직히 내 기준으로 그녀는 몸이 마비가 된 것도 아니었고 한쪽 발목만 디딜 수 없을 뿐 본인 의지만 있으면 충분히 스스로 할 수 있는 부분이 많을 것이라 확신했다.

"소영아, 너 자신을 제한하지 마. 가족들에게 의지하려고 하지 말고 최대한 독립적으로 생활할 수 있도록 노력해 보자. 무엇보다 비록 지금의 삶이 억울하고 힘들어도 살아있음에 감사하는 마음을 가지려고 노력했으면 좋겠어."

1년 정도가 지나고 '〈위라클〉 채널 구독자와의 만남' 행사를 열게 되었다. 자리를 안내하는 곳에서 들어오는 구독자분들께 인사를 하고 있었는데 소영이가 언니의 부축을 받긴 했으나 걸어서 입장하는 것이 아닌가. 그 후 몇 달이 지나고는 내가 강연했던 〈세바시〉 강연장에 완벽하지는 않았지만 누구의 부축도 없이 혼자서 당당히 걸어서 왔다. 완전히 다른 사람이 되어 나를 찾아온 것이다. 그녀는 분명히 행복해 보였다

언젠가 소영이가 닭살이 돋을 수 있으니 주의하라며 내게 해준 말이 있다.

"내 인생은 위 오빠를 만나기 전과 후로 나뉜다."

닭살이 돋았지만, 너무나 뿌듯하고 감사하며 오히려 내게 위로가 되는 말이었다.

그녀는 나를 처음 만난 이후에 '나도 위 오빠처럼 당당해

져야겠다'고 굳게 다짐했다고 한다. 집에서 가까운 곳부터 돌아다니기 시작했고 피나는 재활운동을 하면서 몸에 근육도 만들고 몸무게도 45kg까지 찌웠다. 두 발로 영원히 걸을 수 없다고만 생각했던 그녀는 삶에 대한 소망의 끈을 붙잡고 노력하여 결국 혼자서 당당히 다시 걷게 된 것이다.

 소영이는 이제 더 이상 우울하지 않고 자신이 살아있음에 감사함을 느끼며 아무리 지쳐도 하늘에 떠 있는 구름만 봐도 행복하다고 했다. 가족과 함께 밥 먹고 생활할 수 있는 지극히 일상적인 삶에 감사함을 느끼게 되었으며, 이제는 친구들에게 자신의 모든 상황을 터놓고 스스럼없이 만나면서 잘 지낸다고도 했다. 심지어 자신의 절단된 손가락을 농담 소재로 삼아 장난을 칠 만큼 마음이 단단해져서 다치기 전 원래 당당하고 활발했던 본 모습을 되찾았다며 내게 환하게 웃으며 말했다. 그리고 소영이는 〈위라클〉 채널에도 출연하여 어딘가에 있을 예전의 자신과 비슷한 처지에 있는 사람들에게 꼭 희망이 되고 싶다고 했다.

아빠가 위에게

위야,
네가 책을 쓴다고 했을 때 사실 걱정이 앞섰다.
직업상 오랫동안 글을 읽고 평하던 사람으로서 글 쓰는 것이
얼마나 힘들고 대단한 것인지 잘 알고 있었기 때문이다.
하지만 그건 기우였다.
너의 글은 피부와 살로 다가왔고, 몸을 건드리고,
가슴을 두드려 울림을 줬다.
난 그 이유를 바로 알아차렸지.
네 글은 머리가 아닌 살과 몸으로 써 내려간
몸글이기 때문이란 것을….

벌써 8년이란 세월이 흘렀다, 위야.
여기까지 달려오느라 얼마나 수고가 많았니!
적지 않은 시행착오와 수많은 장애물을 넘는 너를
나는 가까이에서 지켜봐 왔다.
역경을 극복하려는 강박적 태도가 아닌
삶을 온전히 받아들이고 그 삶을 오히려 즐기듯 대면하고,
보듬어 안고 헤쳐 나가는 너를 보면서 난 경탄을 금치 못했다.
나는 요즘 내 인생에서 가장 건강하고 행복하고
기쁜 날들을 보내고 있다.

하루를 살면서 느끼는 오롯한 기쁨과 하루를 마감할 때
밀려드는 뿌듯함과 벅차오름을 매일 체험하며 살고 있다.
오늘은 어제와는 다른 새로운 날이고 내일은 오늘과
또 다른 새로운 날이란 것을 깨달았기 때문이다.
매일매일이 비슷한 상투적인 인생을 사는 사람이 아니라
나는 매일 새로운 날을 사는 사람이 된 것이다.
너에게 배운 것이다.

사고 날 즈음 나는 네가 참으로 좋았다.
아들이 아닌 한 사람으로서 말이다.
하루하루를 싱그럽고 유쾌하게 살아가는 너를 보면
부러웠고 닮고 싶었다.
네가 퇴근하길 손꼽아 기다렸다가 침대에 엄마랑 같이
누워 너의 하루 이야기를 듣는 한 시간 남짓의 그 시간이
너무나 재밌고 행복했다. 그렇게 네가 좋았다.

사고 직후 병실에서 24시간 네 곁을 지키면서 맥없이
너만을 바라보고 있는 것이 얼마나 힘들었는지 모른다.
너를 바라보는 것만으로도 너무 고통스러웠다.
난 그때 그 고통에서 도망갈 궁리를 했나 보다.
어느 날부터인가 너에게 선물로 들어온 책을 읽기 시작했다.
곧 너한테 들어오는 책들뿐만 아니라 보이는 책들은
닥치는 대로 읽었다.

책을 읽는 그 순간만큼은 너를 잊을 수 있었다.
물리치료, 작업치료 등 안간힘을 다해 재활하는
너의 모습을 보는 것이 힘들면 책으로 시선을 돌렸다.
너에게는 미안하지만 난 발각될 염려 없는
완벽한 도피처를 찾은 셈이었지.

병원 생활에 어느 정도 익숙해지자
여러 가지 질문이 떠올랐다.
'나는 누구인가?'
'내 삶의 의미는 무엇인가?'
'난 어디쯤 와 있고 어디로 가고 있는가?'
평생 생각지도 않던 이런 질문의 답을 찾으려면
오랜 시간이 걸리더라도 제대로 된 독서를
해야겠다고 결심했다.
책에는 내가 경험하지 못한, 상상하지도 못한 세계가
그곳에 있었다. 너무 흥미로웠다.
나는 매일매일 새로운 세계를 탐험했고
매일매일을 두근거리며 기다렸다.
책은 나에게 무엇보다 사색과 성찰을 선물해 주었다.
지금의 나를 찾으려 하니 과거의 미숙하고 경솔했던
부끄러운 기억들이 먼저 떠올랐다.
그 부끄러움을 헤쳐 나가며 나는 지금도 8년 전에
나에게 했던 질문의 답을 찾고 있다.

아직 명확한 해답을 발견하지는 못했지만
먼 길을 돌아간다 하더라도 그 답을 찾고 싶다.
과거에 비해 훨씬 나아졌다고 할 수는 없지만
나는 조금씩 나아지고 있고 그런 내가 기특하고 자랑스럽다.
하루하루 조금이라도 나아지는 내가 되고 싶다.
나에게 찾아온 이 많은 변화가 위 네 덕분이란 걸
말해 주고 싶었다.

아빠로서 이런 말 해도 되나 싶지만 너의 사고로 인해
내 삶이 바뀌었고 너의 고난으로 인해 내 삶은
이루 말할 수 없이 풍요로워졌다.
모든 것이 고맙다, 위야!

에필로그

저는 다치기 전에 걷고 뛰고 내 손으로 밥 먹고 스스로
대소변을 보는 것에 한 번도 감사하며 살지 않았습니다.
그런데 전신마비 진단을 받은 후에 걷지 못하고 스스로
밥 먹지 못하고 대소변을 볼 수 없게 되자, 비로소 과거에
너무나도 당연하다고 생각했던 일상들이 결코 당연한 것이
아니며 기적과도 같은 삶이라는 것을 깨닫게 되었습니다.

사람들은 '기적'이라고 하면 보통 초현실적인 현상을
떠올립니다. 아니요. '기적'은 지금 제가 휠체어를 타고
살아가는 삶, 여러분의 삶 그 자체입니다.

남과 비교해서 나에게 없는 것, 부족한 것을 바라보지 말고
내게 있는 것, 내가 현재 누리고 있는 것들을 바라보면 어떨까요.
현재 고난의 상황에 처했을지라도 감사할 수 있는
마음을 가질 때 위기를 기회로 바꿀 수 있는 힘이 생깁니다.

저는 그 누구보다 제가 육체적으로 얼마나 연약한지 잘 압니다.
휠체어가 없이는 단 하루도 살아갈 수 없습니다.
그러나 전신마비가 된 모습으로 열심히 살아가기만 해도
이런 제 모습이 누군가에게는 힘이 되고 용기가 되었습니다.

저는 다치기 전보다 오히려 다치고 나서 일상 속에서
작은 감사와 소소한 행복을 느낄 수 있게 되었습니다.
저한테는 이제 더 이상 당연한 일상은 없습니다.
지금의 제 일상은 도전과 성공의 연속이 되었습니다.
불완전한 삶은 삶의 진정한 행복과 가치를 깨닫게 해줍니다.

오늘도 우리는 '기적'을 경험하고 살아갑니다.
"우리 모두에게 기적을!"

감사의 글

사실은 약 2년 전부터 책 출간을 목표로 글을 쓰기 시작했습니다. 중간에 글을 쓰는 것이 어려워 잠시 중단했다가 다시 글을 쓰기 시작했지요. 과거를 회상하며 그 시점의 감정과 생각을 떠올리는 것이 쉽지는 않았습니다. 게다가 당시 상황을 글로 표현한다는 것은 정말 어려웠습니다. 그럼에도 불구하고 독자분들이 이 글을 읽으면서 그 장면들을 상상할 수 있게 쓰고 싶었습니다. 나의 상황을 최대한 생생하게 전달하고 싶었습니다.

부족한 저의 이야기를 출간하게 해주신 제 믿음의 어머니이자 토기장이 대표 조애신 선생님께 감사의 인사를 드립니다. 제가 살아갈 수 있는 가장 큰 힘이 되어 주는 사랑하는 우리 가족, 할머니. 병원 생활뿐 아니라 퇴원 이후에도 늘 내 곁을 지켜 준 이촌동 친구들. 고난 속에서 믿음과 소망을 잃지 않게 도와준 교회 친구들. 찾아와서 용기 주신 온누리 교회 성도님들, 목사님들. 우리 〈위라클〉 채널을 위해 헌신하고 힘써 주는 욱진이와 진성이. 기적을 같이 만들어갈 수 있도록 〈위라클〉 채널을 아껴 주시고 사랑해 주시는 구독자분들. 이 글이 완성되기까지 기도해 주시고 응원해 주신 모든 분들께 감사의 인사를 드립니다.

부족하지만 이 책을 통해 많은 사람들이 힘을 얻고 용기를 얻었으면 좋겠습니다. 이 글이 완성되기까지 기도해 주시고 응원해 주신 모든 분들에게 감사의 인사를 드립니다. 그리고 지금도 살아계신 하나님께 영광을 올려드립니다.

〈위라클〉 구독자 권아영 님의 그림

위라클 ─ 우리 모두에게 기적을

1판 1쇄 2022년 9월 5일
1판 21쇄 2024년 6월 5일

지은이 박위
발행인 조애신
편집 이소연
디자인 임은미
마케팅 전필영, 권희정
경영지원 전두표

발행처 도서출판 토기장이
주소 서울시 마포구 동교로 71-1 2F
출판등록 1998년 5월 29일 제1998-000070호
전화 02-3143-0400
팩스 0505-300-0646
이메일 tletter77@naver.com
인스타그램 togijangi_books_

ISBN 978-89-7782-476-8

- 이 책은 저작권 법에 따라 보호를 받는 저작물이므로 무단 전재와 무단 복제를 금합니다.
- 이 책의 전부 또는 일부를 이용하려면 반드시 저자와 도서출판 토기장이의 동의를 받아야 합니다.
- 이 책의 본문은 을유1945 서체를 사용했습니다.

도서출판 토기장이는 생명 있는 책만 만듭니다.
"우리는 진흙이요 주는 토기장이시니 우리는 다 주의 손으로 지으신 것이니이다" (이사야 64:8)